城市译丛

本书受北京建筑文化研究基地出版专项基金资助

克罗伊斯的呼唤：走向城市正义

——译者的话

　　苏珊·S. 费恩斯坦是美国目前最具权威的城市规划领域的研究学者，既是一位政治理论家，也是一位杰出的城市规划与城市文化研究学者。费恩斯坦教授的研究重点包括城市发展策略研究与民主在城市规划中的作用研究，是首位奠定"正义城市"理论的学者。费恩斯坦教授现任美国哈佛大学研究生院城市规划专业教授，曾任教于哥伦比亚大学城市规划系，提出"城市规划正义的核心内容是实现个人利益与公共利益的统一"的重要理论观点。

　　古希腊城邦文化是西方城市文明出现的起点，而今天所说的"city"来源于古希腊的"城邦"，古希腊的城邦最早出现了城邦的民主，逐渐演绎为城市的民主与公平。城市"正义"则是城市民主的体现。古希腊第一位提出城市（城邦）设计的则是克罗伊斯，这也是本序言定名为"克罗伊斯的呼唤"的原因所在。城市规划是各种利益协调的过程，既要协调个人利益之间的关系，也要协调个人利益与公共利益之间的关系。而个人利益与公共利益之间的关系恰是"正义城市"如何彰显"正义"的核心内容。城市正义就是如何认识并处理城市个人利益与公共利益的关系。在西方，尽管功利主义在事实上发展和鼓励了个人主义，但是如果对其予以"费恩斯坦式的正义"改造，对于解决城市规划中的个人利益与公共利益之间的关系问题还是非常重要的一种尝试。费恩斯坦教授提出的基本做法就是回归最大多数人的最大幸福原则。这一原则其实包含着两个具体的原则，即"最大多数人原则"和"最大幸福原则"，其中"最大多数人"在该原则中比"最大幸福"原则具有更重要的价值。目前，城市化进程中较为突出的问题既有以公共利益为名行侵害个人利益之实，也有以维护个人利益之名行妨碍公共利益之实。真正的城市正义应该回归正义的本质，即包含权利平等和机会平等。

费恩斯坦教授在本书中提出一种城市正义理论，并且用这种理论来评价现有的潜在制度与规划，即并不是要提出一种完美城市的理论，而是一种为人类的繁衍生息创造条件而超越正义的理论。在城市语境之下，城市正义包含了城市的平等、民主以及多元化，而费恩斯坦教授要论证的正是正义产生的影响：推动所有公共政策的制定。

在富裕与形式上民主的西方国家的资本主义城市化背景下，费恩斯坦教授的分析具有可行性。费恩斯坦教授的论著与大多数城市文学作品与文学批评有所不同：费恩斯坦教授采用不同的方式用经验主义来分析城市规划与理论构筑；采用演绎法与归纳法探讨如何推进正义城市建设的理论框架；批判了现有的（尤其是用于城市再开发的）城市制度与政策；探讨了制度性与政策性的方法。费恩斯坦教授运用三大城市进行个案分析，探讨这三座城市在过去三十年的城市发展，这三座城市为：纽约、伦敦与阿姆斯特丹。以对这三座城市的调研为基础，作者总结出了推进正义效果的策略与政策，提出教育是制定政策的关键要素并对环境正义进行探讨。费恩斯坦教授认为就公平的资源分配而言，纽约是资源分配最不成功的城市，而阿姆斯特丹是资源分配最成功的城市。

尽管城市可利用的资源从很大程度上讲是由政府高层与私人投资者决定，但是，地方公共政策的制定并没有完全受此限制，依然会影响资源的配置。地方政府有权选择投资对象（例如，建体育馆还是住房；建基础设施还是鼓励私人开发商；建学校还是会议中心）以及想要制定的地方政策（例如，公交车站建在哪里或者公共住宅建在哪里等问题）。地方政府（即市政当局）拥有很大的行政自由权，因此就掌握了进行利益分配的权力，于是就导致了危害的出现。其政策权限包括：城市再开发、住房规划、城市功能区的划分、种族关系与民族关系、开放空间的规划与服务区域。制定政策的重心与优先财政拨款是否依赖于城市外部建设、人类资本的发展以及低收入家庭与社区发展的分布，这些问题需要因地制宜来解决。

费恩斯坦教授在本书中选择正义作为核心指标来评估城市政策是以价值为导向的。这正好应对了当下制定新自由主义模式政策中的竞争性与主导性。新自由主义模式的目的就是减少政府的干预与加强市场参与。对于那些把自由主义理解为左翼倾向的美国人而言，新自由主义似乎有些概念模糊，而事实上，新自由主义指的是一种准则，即市场参与会导致资源的高效分配，会刺激创新与经济增长。为了使市场正常运转，必须将政府行为降至最小化，因为政府行为会扭曲价格，同时也会干预对发明者的奖励。在大都市地区，曾经一度被视为官员特权的"功能"现在已成为公私合作模式的行为，类似于自治的行为与由企业高管组成的董事会监督的经济发展合作行为。至少在美国，"经济萧条"对国民收入的影响导致政府机构中大量人员的下岗、停止招聘员工以及工资下降。而项目的削减对于穷人的影响尤为严重。

为什么强调正义？正义已经成为一种广泛准则，而不是交互中的单方协商。哈维承认正义这一概念的内容具有不同的意义，而这些不同的意义取决于社会语境、地理语境和历史语境。正义这一词汇作为流动性概念包含了有效性，依照我们的社会地位与历史坐标，在更迭延伸社会正义的内容时，我们依然可以将平等视为社会正义的关键所在。同时，就正义的价值而言，费恩斯坦教授认为人们已达成足够的共识：支持将正义应用到全部公共政策的制定中。但是，正如布莱恩·贝里所说："政治生活中缺失了社会正义就会使公共政策成为无本之木、无源之水。"某些人优先考虑效率至上、民主至上以及文化与传统至上，虽然并没有否定正义的重要性，却把正义归入到了其他价值理念或次要行列。费恩斯坦认为正义与效率之间并不存在取舍；即便真的存在取舍，也要首先考虑正义的需求。关键则在于通过正义的第一原理来衡量城市规划与城市政策的必要性，并将其归因于实质性内容，即正义这个普遍性的概念是由于它提供了一个基础，在这个基础上一个国家的内部人和外部人都可以批评一些做法和制度，它们反映的当地的规范通常对歧视，剥削和压迫采取支持的态度。

接下来谈谈本书的翻译了。笔者的研究方向为澳大利亚文化与文学。自 2011 年开始进行澳大利亚城市文化的研究，属于跨学科研究。由于研究背景与学术背景的差异，本书的翻译会打上"文学翻译的浪漫痕迹"，对于某些名词或术语翻译可能会略显"意译的浪漫"，正如中国著名翻译家李尧教授在翻阅本书的初稿时提出："理论著作的翻译应该也不失浪漫的情怀。"正如译者在 2011 年翻译（英译汉）《马克思与生态学》和《资本主义与环境》两篇美国学者在国际核心期刊发表的高水平论文时，也遇到了同样的现象，那就是翻译出的译文有些浪漫：原文的用词与行文很"政治"，而本人的翻译中加了浪漫的因素，使得译文读起来有了"湖畔派"的味道。尽管如此，经过中央编译局刘仁胜博士的审校与稍加改动后还是如期发表在《马克思主义与现实》与《理论动态》两部中国 CSSCI 核心期刊上。笔者也很期待该书的翻译能给大家带来一股浪漫主义的感觉。

北京建筑大学文法学院外语系的张红冰、叶青、鲍莉三位老师参与了本书的审校翻译工作，具体分工为：叶青审校翻译第一、二章，鲍莉审校翻译第三、四章、张红冰审校翻译第五、六章。张红冰、叶青、鲍莉均为本书的翻译主审。北京建筑文化研究基地下属的中外建筑设计文化比较研究所也参与了本书的后期翻译审核工作。

感谢社会科学文献出版社祝得彬先生为本译著的出版铺路搭桥，感谢编辑部刘娟女士与刘学谦先生编审译稿付出的辛勤劳作。

该译著由北京建筑大学北京建筑文化研究基地资助出版。

武烜于天韵阁

2016 年 6 月 16 日

目　录

前　言

　　创作本书之想法源于 1994 年的一次会议。本次会议由安迪·梅里菲尔德与艾瑞克·斯维基多夫主办，目的是纪念大卫·哈维的不朽之作《社会正义与城市》出版二十周年。我在会议上演讲的内容是我随后撰写的一系列会议论文、报刊文章以及本书的某些章节的开始。在本次演讲中，我强调了通过城市层面的互动实现正义的主题。直到那时我的理论作品才开始真正在城市文本的视域下检验正义的真实含义，尽管这是构成我的研究的核心问题。本书便是我致力于理论探讨与实践相结合的最佳代表。直到现在，从很大程度上而言，我的理论探讨与实证研究依然行进在两条分开的轨迹上。

　　牛津会议之后的十五年来，许多研究城市的学者将其研究聚焦在正义这一话题之上。在 20 世纪 70 年代中期，主流思想几乎全部聚焦在如何刺激经济增长。进步的城市研究学者主要批判了随即而来的新自由主义意识形态而不是反意识形态的发展。从某度程度上而言，勉强将价值观具体化的做法源于新马克思主义思想家抛弃明确伦理模式：在解读历史发展进程时，他们将明确的伦理模式视为无源之水、无本之木。逐渐地，潜移默化的所谓的标准化判断促使人们出现左翼思想，而且，这一趋势日益明显。我创作本书的目的就是希望对此详加说明，提供一整套原则供城市规划者借鉴。

　　在此，我想对所有在本书创作过程中给予大力支持的机构与个人表示深深谢意。感谢哈佛大学设计学研究生院给予的资金支持，感谢前任院长艾伦·阿特舒勒从我的研究生时代起便对我的研究给予鼓励，并贯穿我的整个职业生涯。感谢洛克菲勒基金会为我在意大利贝拉角的塞尔贝罗尼别墅提供了住所，使我能够潜心创作本书。

我在哥伦比亚大学指导的博士生参加了我的论坛，并且在我离开哥伦比亚大学时组织了关于正义之城的研讨会，这对我尤为重要。因为这些活动为我提供了思想火花之源与建设性的批评意见。尤其要感谢的是：詹姆斯·康诺利、约翰尼斯·诺维、英格丽德·奥利沃、卡兹·波特、布鲁诺·洛博、马修·格布哈特、贾斯廷·斯泰尔、伊丽莎白·柯里德。对于"纽约城市权"研究团队的成员，如：詹姆斯·德菲利皮斯、沙伦·祖金、尼尔·史密斯等，也一并致谢。还要感谢研究团队的另外两名成员：大卫·哈维与彼得·马库塞，他们二位对我的思想产生了重要的影响。尽管大卫·哈维与我的观点并不总是一致，但是他给予了我思维的灵感，以及给予了几代城市主义者思维灵感。有了这些灵感，便可以思索当今时代的许多重大问题。彼得不仅是我认知与领悟之源，而且认真阅读本书并提出大量批评建议。早在我任教于哥伦比亚大学时，彼得就是我的良师益友，在午餐桌上总会提出有趣的问题，为哥伦比亚大学的城市规划课程插上了腾飞的翅膀。另外两位学者理查德·森尼特与丹尼斯·贾德，虽未直接参与本书，但他们给予本书的观点以及与我的友情推动了本书的进展。伦纳·福斯特邀请我成为他的新学校的座上宾，一起研讨正义理论，为我打下了哲学理论基础，而这正是我一直以来缺乏的！

每当我需要关于阿姆斯特丹与纽约的资料时，萨克·玛斯迪尔德、威廉·萨里特、贾斯特斯·尤特马克、西奥·巴特与罗杰·泰勒总是不遗余力地满足我的要求。还有几位看过我的书稿后给予了有益的点评，他们是：利昂·德本、克里斯·哈姆内特、莎伦·马尔、马克·普赛尔、弗兰克·费希尔以及康奈尔大学出版社的编辑彼得·波特。诺曼·费恩斯坦反复阅读书稿,力求提升本书的逻辑性与可读性。诺曼的思想对我的影响是终生的,我的思想很难脱离他的思想。

我还要致谢哈佛大学的学生们,他们给予了我研究上的支持:赛·巴拉克里什南为我准备地图;里奥尔·加里里、凯洛里娜·戈尔斯卡与柳晓(Hieu Truong)做了许多默默无闻的琐碎的工作,却是本书完成的基础。最后,我要感谢彼得·维索科。彼得多年来一直鼓励我撰写本书,并促成了我与康奈尔大学出版社的合作。

本书的部分资料取材于我早前出版的著作,例如:

"规划与正义之城"载于《寻找正义之城》,2009:19~39;

"纽约、伦敦与阿姆斯特丹大规划"载于《城市与地区研究国际期刊》,2008:768~785;

"规划与正义之城"载于《哈佛设计杂志》,2008:70-76;

"规划理论与城市"载于《规划教育与研究期刊》,2005:1~10;

"城市与多元性:我们需要吗?我们为此而计划吗?"载于《城市周刊》,2005:3-19;

"规划理论新方向"载于《城市周刊》,2000:451~478;

"平等之城:阿姆斯特丹肖像"载于《理解阿姆斯特丹》,2000:93~116;

"开创新地址(1):炮台公园区"载于《城市建设者》,160~174;

"开创新地址(2):码头区"载于《城市建设者》,175~196;

"纽约的统治政权与发展中的政治经济,1946~1984"载于《权利、文化与地理》,1988:161~200。

走向城市正义理论

全球化与反对工业发展彻底改变了美国城市的命运与西欧城市的命运。这些城市的领导者们谨慎监控个人投资。① 城市政体越来越关注以经济发展为城市目标，并尤其指出：促进经济发展的政策会使人受益颇多。在讨论城市规划时，很多人以提高竞争力为理由扩充城市建筑项目。即使在规划便民设施（诸如公园与文化设施）时，都要考虑这些设施是否可以提高产业价值，吸引投资与发展旅游业。在探讨修建这些设施的位置时，都只是一味地考虑其经济影响，而不是它们的社会价值。因此，市政府的财政投资总是倾向于支持那些开发项目，而不是改善周边地区的质量。为了赚取更大的投资回报，开发商并没有考虑到建筑物之间的高密度问题。

为了提高经济增长，政府所采取的途径包括投资兴建基础设施、发放补助金、调整对土地开发商的政策及城市的市场规划。这些方法已在各种计划中得以应用，其重点扶植项目大约每五年就更换一次。惯用的策略包括政府牵头开发、每逢节日就开放的

---

① "城市""大都市"与"城区"这三个术语在本书中可替换使用（除了谈及范围问题）。就这三个术语而言，我以法律为主线对"城区"这一通用概念进行划分。在讨论大都市空间划分时，我对"地区""城市"与"大都市"三个概念进行了分析。

零售摊点、运动设施、"旅游膨胀"等，以此来整合相关产业、扶植创新产业以及技能开发。除了富裕的国家之外，其他隶属国都期望经济的迅速增长，而对社会公平问题却闭口不言。①

伦敦前任市长肯·利文斯顿在讨论其如何获得联合王国中央政府首肯出资修建一条穿越伦敦市中心的新地铁站时，解释了就提高竞争力而言，公共开支应适可而止，原文如下：

> "【我认为】如果没有新地铁站，伦敦则会失去在国际城市中的竞争优势。只要一停工，就会损失惨重。伦敦市政府几乎对所有非高盈利企业都进行了成本预算的规定。【为了克服成本问题】我认为在伦敦投资一定会为本国带来高利润回报……如果无法证明具体的某一项政策推动了经济的增长，那就不用再谈了。"②

有些人对以竞争为导向的政策提出挑战。他们通常以环境为理由来质疑经济增长的必要性。尤为典型的是，他们把经济增长视为一种目的，但是，就经济利益的分配提出异议（本处所指的经济利益是指动用公共资本进行私人企业融资而带来的经济利益），或者抵制随即而来的居民区的改建。例如，在美国纽约布鲁克林区进行了一场声势浩大的工程，名为"大西洋广场"（又被称为"大西洋院"）。该工程的反对者们组建了一个名为"发展但不要破坏布鲁克林"的非营利性组织。看看该组织的名称就知道他们认可经济发

2

---

① 费恩斯坦（费恩斯坦，2001a）论述了为了提高办公效率，纽约与伦敦采用了具有诱惑力的手段。弗里登与萨加林（1989）认为，节日零售业的出现是一种商业复兴的方式。罗森特伯（1999）阐述并批判了国家政府与地方政府在体育设施上本金投入太大。贾德（1999）用"旅游泡沫"这个术语指代诸如会议中心与体育馆之类的建筑，每位市长都认为这样的建筑是吸引游客的关键。波特（1998）认为推动相关产业的集优化是市中心平民区改造的关键。弗罗里达（2002）把"创新阶层"视为城市复兴的关键因素。而马库森（2006）与克里德指出了在促进经济发展中文化的重要性。

② 2008 年 7 月 26 日对作者的采访。

展的目的，却反对高密度建筑与大量占地。

　　早在 20 世纪 60 年代，研究城市政治的学者就批判过城市的决策者强力推行的政策使城市中四种人的处境日益恶化，它们包括：低收入者、女性、同性恋者与少数民族居民①。这些人尤其谴责的政策就是：支持市中心商业的发展而忽视了居民区的需要，优先发展旅游设施、学校的体育馆以及劳动密集型行业。这些谴责随即衍伸出了正义之城的模式，那就是，城市里的公共投资与规则一定要公平，而不是仅仅服务于富人阶层。我们几乎是从本能的角度来理解"非正义"这一概念。"非正义"是由这样一些行为组成，例如：城市穷人处于劣势地位或本该享有的权利却被剥夺②。政治上与经济上的弱势群体被剥夺了住房权与就业权，甚至不允许进入公共空间。这些行为表面上看是为了大多数人的长远利益，并且有助于穷人；尽管该类行为被视为合情合理，但是似乎这一切很明显地滋生了"非正义"。因此，纽约市长爱德华·科赫在被指控歧视穷人时申辩道："我是站在中产阶级的立场上！你们知道什么？中产阶级不仅纳税，还为穷人提供了就业机会！"（科赫，1994：21）在芝加哥，"转型计划"的目的在于拆除所有的现有住房，于是低收入者再也买不起房子了。芝加哥市长理查德·戴利表示：他这样做的目的就是将穷人们分散，为他们提供更多的机会（贝内特，2006）。

　　尽管有大量的规划与公共政策文献可以佐证恰当的决策程序③，但是以决策程序为导向的讨论并没有阐明到底是哪些政策　　3

---

① 除此之外，详见雅各布斯（1961），甘斯（1968），莫伦科夫（1983），费恩斯坦（1986），洛根与摩洛斯（1987），斯通（1989），科恩（2004），斯夸尔斯（1989），德赖尔，莫伦科夫与万斯特洛姆（2001）。

② 艾里斯·玛丽恩·杨（1990）提出了四种压迫形式，作为受压迫者的群体特征：剥削、边缘化、文化帝国主义以及系统暴力。

③ 在接下来的内容中会详细谈到该问题。交际理论与协商民主的支持者期待真正的民主进程会引发正义的结果。所以，他们会强调参与的程序与协商的方法，而不是政策的内容或者理想城市的特点。

会在城市空间中推动更大的正义①。同时，大多数对于政策的分析都在探讨有哪些最佳的做法可以改善住房条件或提高就业率，而这些探讨都是在不质疑这些政策的情况下进行的。正如查尔斯·泰勒（1991：19）说道："来自于社会科学角度的解释通常会避开道德理念，更多的是研究现实因素。"

与社会科学家所不同的是，哲学家长期以来一直关注着正义的本质②。自从约翰·罗尔斯所著的《正义论》在1971年出版后，哲学界就开始探讨两类问题，即价值理念与管理方式。早在逻辑实证主义③盛行之前，这些问题就已成为哲学探讨的核心。主要的理论都假设出一种人们期待的理想状态，而真正的社会政策都以这种理想状态为理论架构。然而这些理论构想并未标明何谓正确的"城市"制度，同时对于什么样的规划能够真正融合他们所提出的正义的标准也谈及得很少④。

---

① 几位研究规划的学者细化了具有进步性的制度与政策，尽管他们中的大多数人并未将其建议置于理论框架之中（详见克拉维尔，1986，迈尔与阿尔伯恩，1993）。芬彻与艾夫森（1988）做过该方面的研究。凯文·林奇（1981）提出了"将城市规划与正义融为一体"的观点。我与安·马库森合写的一篇文章于1993年刊载在《北卡罗莱纳法制周报》上。在该文中，为了提升社会正义，我们试图将城市规划方案细化。莉奥妮·桑德科克在她所著的两本书《走向国际化大都市》（1998）与《国际化大都市之二》（2003）中，试图阐明一座城市对差异的反应特征。古特曼和汤普森（1996）致力于阐释协商民主的实质，并将此理论应用于诸如卫生保健和收入等专业的政策领域，这些领域与城市议题互相交织。尽管如此，他们并未采用一个明确的城市视角。

② 在20世纪最后40年中就占有统治地位的纲要如下：首先是罗尔斯（1971）的正义即公平的概念；其次是尤尔根·哈贝马斯（1986~1989）描绘的理想的语言环境；再次是社群主义（尤其是，桑德尔，1996与沃尔泽，1984）；最后是玛莎·努斯鲍姆与阿马蒂亚·森提出的能力方法论（本书第二章对此有详细阐述）。

③ 分析哲学并不探讨价值理念，所以对于正义含义的研究遭到了主流哲学的排挤（详见 H·帕特南，2002）。为了倡导重归以价值理念为主导的哲学思潮，梅芙·库克（2006:3）认为如果没有"或多或少的建立完美社会的有影响力且主导型的理念"就不会出现批判性的社会思维。换句话说，逻辑实证主义不会给社会改革者提供任何指导。

④ 艾里斯·玛丽恩·杨的作品是特例。

笔者撰写本书的目的就是要提出一种城市正义理论，并且用这种理论来评价现有的潜在制度与规划。笔者并不是要提出一种完美城市的理论，一种为人类的繁衍生息创造条件而超越正义的理论。在一篇评价我早期论文的文章中，莎伦·马尔写道："不考虑人类的美好生活而拓宽正义这一理念似乎很困难（这样做倒也不是不可能）。从长远的角度看我们不能仅仅用'正义'这个字眼来指代除了公平之外的一切其他事物。"① 然而，在城市这一语境之下，笔者所谓的正义包含了平等、民主以及多元性，笔者要论证的是正义产生的影响应该推动所有公共政策的制定，并不是要提出一种完美城市的理论②。尽管正义是构成完美社会的必要因素，但是也产生了许多问题，经常会有人打着效率或公共利益的旗号诽谤正义，所以本书要对正义详加分析。

另外，在富裕与形式上民主的西方国家的资本主义城市化背景下，笔者的分析仅限于表面上具有可行性的内容。正因如此，由于无力应对资本主义派生出的非正义，因而屡遭批判。

> 这正是费恩斯坦在对正义之城的概念进行界定时的彷徨。从一开始，这就限定了正义的范围只局限于现存的资本主义对权利与自由的控制之中，因此仅限于在非正义体制的边缘缓和最糟糕的后果……费恩斯坦侧重描述的正义之城，虽东拉西扯，但却给人以启迪，这就避免了短兵相接的正面

① 《个人交流》，2006 年 5 月 9 日。同样，斯普拉根斯（2003：601）主张"无论正义的价值对于政治制度来说是多么重要，大多数市民最终真正关心的问题是怎样凭借他们的能力创造出美好生活。"马库塞（2009，91）也认为单单一个正义的概念是不够的："人们期待的城市并不是一个仅仅拥有分配公平的城市，而是一个可以使人的能力全面发展的城市。这需要的不仅仅是正义规划。"

② 勒费布尔（1991）关于城市权的观点确实超越了正义这一概念。城市权已经成为"城市权利联盟"（一场以城市为基础的社会运动）具有煽动性的口号。在2008 年 6 月，美国的 20 家城市组织合并成立该联盟。该联盟的目的就是"成立一个共同的组织，开创一种共同的手段将形形色色的社会斗争集合起来。这些社会斗争是围绕着住房、工资、公共空间及文化展开的。"

交锋。(哈维与波特，2009：46)

尽管这种批判准确地指出了我的错误，即我接受了这一观点，那就是城市政策的制定会在"资本主义对权利与自由的控制中"持续下去，但我并不指望在未来的日子里避免这种冲突。另外，正如我接下来要讨论的那样，在我看来，寻求正义长期以来面临压力，其结果是加剧了制度本身的变化。强迫决策者在制定城市政策时将正义作为主要的考虑因素，将会引发巨大的变化，而处于隔离状态时，这样的努力则不会引发巨大的变化。作为更广义范围内的国内与国际运动的构成要素，在将资本主义转变为更为人性化的制度时，这样的努力会负荷更大。"人性化的资本主义是自相矛盾的"——人们反对这一说法，对此我无言以对。

本书的构思

我的论著与大多数城市文献有所不同，尽管我也会做批判。这是因为：如果在政策制定过程中把正义作为首要评估标准的话，我愿意为此提供思路。总的来说，我会采用不同的方式用经验主义来分析城市规划与理论构筑[1]。本书采用演绎法与归纳法探讨如何推进正义城市（或更为正义的城市）建设的理论框架；本书批判了现有的（尤其是用于城市再开发的）城市制度与政策，并且在本书结尾时探讨了制度性与政策性的方法，以期实现城市内部更大的社会正义。

---

[1]　城市主义者已经开始构筑有关评价城市发展的准确标准（要特别关注的作家有：森尼特，1990；福里斯特，1993；塞耶与斯托珀，1997；洛与格利森，1998；希利，2006；马卡，2008；珀塞尔，2008）。同时，政治理论家与哲学家已经直接或间接地致力于城市问题的研究（要特别关注的作家有：费希尔，2000；麦加尔与莱昂多普，2001；墨菲，2000；曼斯布里奇，1990a；努斯鲍姆，2000；杨，1990、2000）。《寻找正义之城》（马库塞等，2009）这本书由多篇论文组成。这些论文最初提交于在哥伦比亚大学举行的一次以城市正义为主题的会议，汇集了抽象与具体的分析。

在探讨了理论问题之后，我的方法是对于我曾经调研过的三大城市进行个案分析，探讨这三座城市在过去三十年中的城市发展，这三座城市分别为：纽约、伦敦与阿姆斯特丹①。以对这三座城市的调研为基础，我总结出了推进正义效果的策略与政策。我早已提出：在"正义城市"这个题目之下要考虑到的就是教育——这是制定政策的关键要素；尽管我对此并不认同，但我认为与环境正义一样，这要求进行更为充分的调研，事实上，我的确对环境正义进行过探讨。

对于这三个城市的研究，要结合它们的政治制度与开发的后果。就公平的资源分配而言，这三个城市的排列顺序应该是：纽约是资源分配最不成功的城市，而阿姆斯特丹是资源分配最成功的城市。对截然不同的社会群体进行整合时，纽约对其移民人口问题处理得相对较好，尽管在纽约依然存在着种族隔离。在工党执政期间，伦敦排在第二位，因为伦敦放弃了反规则的态度，这在玛格丽特·撒切尔与约翰·梅杰执政期间的经济复苏计划中可见一斑。然而，工党保持了撒切尔首相执政期间的私有化策略。阿姆斯特丹强烈支持再分配政策，而且忍耐的情绪在阿姆斯特丹也由来已久。但是，自从 20 世纪 90 年代以来，两种政策导向皆遭到质疑。对这三座城市的个案分析并研究其变化原因有利于政策的规划与评估。城市的复兴可以纳入城市社会运动的行列，同时也为制定国家与地方政策提供依据。

尽管城市可利用的资源从很大程度上讲是由政府高层与私人投资者决定，但是，地方公共政策的制定并没有完全受到限制②，依然会影响资源的配置。地方政府有权选择投资对象（例如，建

---

① 见费恩斯坦（2001a，1997）；费恩斯坦、戈登与哈洛（1992）；费恩斯坦与费恩斯坦（1978）。

② 洛根与万斯特洛姆（1990）进行的一系列研究表明：城市的多样性源自地方政府的自治权。德菲利皮斯（2009）提出：大多数产业中的劳资关系都受地域影响，同时也受到当地政府出台的规定的影响。

体育馆还是住房；建基础设施还是鼓励私人开发商；建学校还是会议中心）以及地方政府制定的地方政策（例如，公交车站建在哪里或者公共住宅建在哪里等问题）。地方政府（即市政当局）拥有很大的行政自由权，因此就掌握了进行利益分配的权力，于是就导致了危害的出现。其政策权限包括：城市再开发、住房规划、城市功能区的划分、种族关系与民族关系、开放空间的规划与服务区域。制定政策的重心与优先财政拨款是否依赖于城市外部建设、人力资本的发展以及低收入家庭与社区发展的分布，这些问题需要因地制宜来解决。

为什么提出正义理念？

选择正义作为核心指标来评估城市政策显然是以价值为导向的。这正好应对了当下制定新自由主义模式政策中的竞争性与主导性。新自由主义模式的目的就是减少政府的干预与加强市场参与。对于那些把自由主义理解为左翼倾向的美国人而言，新自由主义概念似乎有些模糊，而事实上，新自由主义指的是一种准则，即市场参与会导致资源的高效分配，会刺激创新与经济增长。为了使市场正常运转，必须将政府行为降至最小化，因为政府行为会扭曲价格，同时也会干预对发明者的奖励。在大都市地区，曾经一度被视为官员特权的"功能"现在已成为公私合作模式的行为、类似于自治的行为与由企业高管组成的董事会监督的经济发展合作行为。按照大卫·哈维的观点：

> "新自由政府的主要任务就是创造一种'良好的商业气候'，所以，无论会给就业或是民生带来怎样的后果都要将资本积累的条件最优化……（其）目的是进一步扩大所有商业利益，同时也推动与刺激了所有商业利益（如有必要，就通过减免税收、其他的让步措施以及牺牲国家利益下的基础供给），

并声称这会促进发展与创新，从长远角度看，这也是消除贫困与提高大众生活水平的唯一途径。"（哈维，2006：25）

尽管"经济萧条"（在撰写本书时依然存在）已经刺激了公众大规模参与资本市场，使"就业振兴计划"再度合法化并且逆转了"放松管制"倾向，但是并没有动摇以经济发展为核心的理念，因为经济发展在城市政策中占主导地位。事实上，正好相反。另外，至少在美国，"经济萧条"对国民收入的影响导致政府机构中大量人员下岗、停止招聘员工以及工资下降。而项目的削减对于穷人的影响尤为严重。

正义的标准并不否定效率与高效性作为调控的方法，而是要求决策者自问：效率与高效性要达到什么目的[1]？从整体财政角度而言，衡量结果会导致效率与公平之间明显的取舍。在不去质疑既定计划中的利润与成本比率的情况下，如果我们就利润与成本质询那些最不富裕的人或者直接受其负面影响的人，那我们就仍需关注效率。

在规划理论家的群体中，有两股势力之间存在着一场辩论，这两股势力分别为：第一股势力强调交流、磋商以及将民主的决策制定视为主要的规划标准；第二股势力相反选择了正义的实质性概念（请于第一章查询细节）。近来，在重塑合作规划理念时，希利（2003：110）反驳我的观点：规划者应介入规划过程，并且倡导正义之城的标准理念的实施。希利主张：

'良好'与'正义'的理念本身就是通过认知与权力的关系得以构筑的……（但是）两个关键点在于：第一，细化价值理念的进程；第二，将这些价值理念在文本与实施方式中加以体现。换句话说，物质与进程是相辅相成的，并不是

8

---

[1]　费希尔（2009：61）对于我对三种价值理念（平等、多元性与民主）的论断进行了批判，因为我只提到了这三种价值理念，而忽略了效能："忽略的要点……则是效能这一价值理念。因为效能在理论作用的连续统一体的另一终端起作用。如果忽略了效能作用，几乎无法解决问题。"

分开的独立个体。另外，不能将进程仅仅理解为通向实质性终结的方式。进程也会产生进程本身的结果。参与治理进程能够塑造参与者的自我意识。

按照这种逻辑，添加任何具体的内容也只不过是引发参与者之间的交流，因为所有的认知形式都是社会结构（希利：1996）。情形或许如此，但是并不妨碍全社会观念一致性的存在，例如：对于普世价值理念的认可或者要求以正义的名义禁止干预机制，理由是干预机制构成了一种"帝国主义式的"干预参与者思想行为①。

弗兰克·费希尔（2009）认为：这种争论毫无收效，因为这两种观点可以放在一个更宽泛的框架中进行讨论。事实上，两种观点的差异只是侧重点不同，而并非根本性分歧。然而，双方都确实指出了不同的评估标准：就交际理论家这一方而言，对于政策的检验首先依赖于参与规划的人；其次依赖于公开与公平的进程；再次依赖于将更好的论证视为决定性因素。就正义城市理论家而言，检验政策的要素在于进程的结果（并不仅仅是审议，而是实际的实施）是否公平；民主包容的价值观也很重要，但并不仅限如此。另外，正如第一章即将谈到的，哈贝马斯的交往理性逻辑指的是如果审议的过程服从于理想，那么其结果也必然是公平的。然而，事实上，我们决不能期待最终能实现理想，因此，重视过程或者结果的问题会一直存在。

在哲学文献中，有两大基本原理集中讨论城市政策中的实质

---

① 温迪·布朗（2006）声称：事实上，自由忍耐是将结构差异非政治化，所以代表了文化帝国主义。她的论断表明：大多数以西方自由传统为基础的对于正义的号召都没有超越其文化优胜感的语境。盖尔纳（1992：27）质疑后现代主义中反传统社会的思想，认为"传统社会引发的客观主义（事实上）是否是一种潜移默化的方式：它将一种视角强加给人类，限制人类的主观能动性。（后现代主义者所持有的）这种违背是否在认可既定秩序的基础之上将一种特殊的视角强加给人类，或是其主要罪恶正是强加了客观性理想。激发了客观主义就成了头等大罪吗？"或是：强加一种视角给他人，从道德上讲会令人反感呢？

性正义概念①：（1）提到整体共识；（2）罗尔斯解释了为什么人们起初会选择正义。接下来的部分会继续讨论这些内容。

整体共识

为什么强调正义？这一问题可以从交际共识的角度最清晰地解读出来。正义已经成为一种广泛准则，而不是交互中的单方协商。正如大卫·哈维的主张："广泛性不可避免，试图避免广泛性的人……只能以掩盖而收场，而绝不可能消除。但是广泛性与特殊性只能以辩证关系来分析。通过这种方式定义他者是为了使广泛性标准通过差异的特殊性进行公开讨论。"在一篇反驳相对化信任后现代思潮的文章中，哈维承认正义这一概念的内容具有不同的意义，而这些不同的意义取决于社会语境、地理语境与历史语境。同时，哈维主张：正义这一词汇作为流动性概念包含了有效性，因为存在着通用的解释：

> 跨越了时、空、人，正义与理性具有不同的意义。然而，大众所注重的通用意义与对大众而言毫无问题的意义却赋予了这两个词政治力量与动态力量，这是不可忽视的。正确与错误是这样两个词：正确与错误推进了革命性的变化，对这两个词而言，即使再大的负面摧毁力量也无法否认这一点（哈维，2002：398）

尽管哈维认为他不能对正义给出一个抽象定义，但是提出了知觉对象：或许是"人"可以达成一致的知觉对象②。

---

① 这两种理由均是从众多可能性中筛选出的。然而，此时此刻，这两大理由非常具有影响力。

② 从艾里斯·玛丽恩·杨的作品中，哈维得出六大论点来主宰正义的规划与政策的实施。这六大论点就融合了文中提到的"通用意义"。简言之，这六大论点是：不剥削劳动力、消除社会阶层的边缘化、被压迫者通向政治权力与自我表达、消除文化帝国主义、社会控制的人道方式与减轻社会工程的负面生态影响（哈维，2002：400～401）。

处理普遍性或特殊性讨论的一种方法就是运用卡尔·曼海姆（1936：281）在他的一篇题为《认知的社会学》的论文中提出的观点。在这篇论文中，他为"观点的习得"而呐喊，以此来消除冲突的双方"相互翻旧账"。曼海姆认为：概念的历史所在并不妨碍超验伦理的可能性，因为这种伦理在不同的历史事实中会被重新构筑与重新诠释。意识源于集体认同，也源于理性规划。曼海姆假设：当所有的参与者共同考虑历史时，理性的人就会达成共识。事实上，曼海姆沿袭了黑格尔的做法，即认可了这一概念：理性事物擅长比较与学习。然而，与黑格尔不同的是，曼海姆主张：历史就是揭示理性，同时，曼海姆考虑到了物质力量与精神力量。

11

在曼海姆对概念的解释中，依照我们的社会地位与历史坐标，在更迭延伸社会正义的内容时，我们依然可以将公平视为社会正义的关键所在。这样的行为需要展开他者批评与自我批评。尤其需要指出的是，无论社会阶层的高与低，没有任何享有特权的"他者"能够免于外界的批评。如果社会正义这一概念需要具备社会历史的内容，那么融入这一概念中的自由的含义就从"从……中获得自由"的自由式规划以及从福柯式的阻力理念中过渡到一个更为复杂的概念——这一复杂概念融合了自我发展的理念。那么，自由包含了接受的义务，因为在南希·希尔施曼（1992：235）看来，"达成一致不仅难以达到，而且其相关性也颇受质疑。"同样，平等这一概念的内涵意义也发生了变化，并不是用环境的相似性来衡量的，相反，衡量平等这一概念的却是相互性、交际以及共同接受义务（尤其就育儿而言）。事实上，某些权力的不平等或利益的不平等源自评优、回应需求或分发公共福利，这些不平等可以解释为正义（朗西曼，1996；齐美尔，1950：73~78）。

同时，就正义的价值而言，（如无特殊说明）已达成足够的共识：支持将正义应用到全部公共政策的制定中。但是，正如布莱恩·贝里（2005：10）所说："政治生活中缺失了社会正义就会使公共政策成为无本之木、无源之水。"某些人优先考虑效率至上①、民主至上以及文化与传统至上，虽然并没有否定正义的重要性，却把正义归入其他价值理念或次要行列。我认为：正义与效率之间并不存在取舍；即便真的存在取舍，也要首先考虑正义的需求，这一点在接下来的章节中我会详细说明。除此之外，我认可这样的观点：确切的内容需要研讨。本哈比（2002：39）将这一观点界定为"历史启蒙的普遍性"。我想详细说明一组原理：这组原理构成了城市正义政策的核心，可以在地方政府进行拓展。目前，关键则在于通过正义的第一原理来衡量城市规划与城市政策的必要性，并将其归因于实质性内容：

> 正义这个普遍性的概念是由于它提供了一个基础，在这个基础上一个国家的内部人和外部人都可以批评一些做法和制度，它们反映的当地的规范通常对歧视、剥削和压迫采取支持的态度。

> 在每一个社会，普遍的信仰体系主要是由那些最有权势的特别是年长者创建的，他们属于多数民族和宗教团体（贝里，2005：27）

柯奈尔·韦斯特（1991）像哈维那样吸收了马克思主义哲学传统，认为在一个社区内价值观随着历史的发展而发展。因此，他同样避免了康德的绝对命令立场，并且认为道德靠社会来建构。然而，他强调共同持有的价值观形成了对现有权力关系和人

①　经济学家极为夸张地使用了"道德危机"这个术语来指代某些集体或个人导致的效率低下现象。这些集体或个人让他人承担成本而自身盈利。常见的范例就是投保的个人过度使用健身器械。这个术语从来就没有应用在劳动压迫或其他形式的非正义之中。非经济学家将非正义视为一种更为强大的道德危机的展现。这就有趣地建构起了一种法则：正常而全面地避开了对道德的考虑。

类进步的批判的基础。他认为，"关键是不要让自己摆脱历史的变化……而是让人们更深入历史，不自觉地认同和吸收/消化非常特定的社会或传统的价值观"（韦斯特，1993：3）[1]。至于哈维，他的目的是使用普遍的价值观作为动员公众建设一个更公正社会的基础。如果正义的定义可以广泛地应用，那么它代表了梅芙·库克（2006：22）称之为"超越情境的观点"，是根据"道德进步的概念可以应用在历史和社会背景中"这一说法。

真实的正义概念的应用可以基于一种共识，本文借鉴了哈贝马斯的构想：人们之所以产生欲望是受到了某种环境的驱使，而这种环境是由诚信、真相和理性等规范掌控[2]。用艾里斯·玛丽恩·杨的话（2000：30），"在这些理想条件下，公共审议的过程提供了动机，把所有的需求和利益考虑进去，并了解它们是什么……每个人都明白，他或她的最佳利益将被服务于一个公正的结果"。

同样，在涉及事实与价值的不可分离性的论述中，希拉里·普特南（2002：45）认识到不可能有绝对的道德概念，然而他认为"人们可以合作性地探讨和尝试一些东西"来形成一套原则。在这个起点上（2002：44），他指出这些原则将包括"不分国家、种族或宗教界限的他人福利"。虽然他没有使用相同的术语，但是对其他人福利的关注相当于杨的关于"瞄准一个公正结果"的声明。同样，弗兰克·费希尔（1980：194）认为在某些价值观上存在一个普遍的共识："普遍存在的共识是普遍存在的理想的首要地位，例如……减少人类的痛苦，保护人类的生命和社会互惠的理想"[3]。言外之意是，虽然理想产生话语，但正义被广泛持有，不限于自由民主国家的公民。

---

① 除非另有说明，在原文处用了斜体字。
② 这是希拉里·普特南（2002：113）对哈贝马斯的交际行为规范的总结。
③ 费希尔在他的名单中列举了政治自由。虽然这个价值确实渗透到民主社会中，但比他提出的其他方面普遍地不被认可。

甚至站在康德的道义论立场赞成普世价值的玛莎·努斯鲍姆（2000：151）也认为最终"来自各种文化背景的人走到一起，在一定条件下，有利于对传统的反思批判，没有恐吓和等级制度，应该同意这个［能力］列表是好的"（再一次强调）①。她评论说"相对论主义者往往……低估了协调、识别，却获得跨文化的交流"（努斯鲍姆，1993：261）。虽然她列举的能力超越了简单的正义，但她断言，正义是她的道德地位的基本维度之一，得到普遍所持有的理想，以及哲学演绎的支持。

因此，正义可以被视为是在假想的理想条件下达成两相情愿的商议结果。如上所述，随后将更深入地探讨，虽然真实交际的概念在实际的政策制定中不足以指导正义的产生，但是，无论如何被定义，真实交际都支持使用正义作为一种评价标准。

14

罗尔斯的理论观点

罗尔斯对最初产品公平分配的讨论始于一种基于对假设情境理性反应的构想。他的著作是当代讨论正义及其与平等关系的主要基础②。众所周知，罗尔斯首先设置了一种原初状态：人们身处无知之幕的后面，不知道他们处于何种社会的何种地位。在这种原初状态中，人们会公平地行动，因此明确了一个正义社会的要素。罗尔斯的第一个原则是"自由"，第二个原则是"差异"，这意味着应该有平等的机会，任何不平等应该适合于最少受惠者的最大利益。（罗尔斯，2001：42）他的论点是，自由的人们行为合理，会选择一种初级产品的粗略平等，以确保他们不会最终处于劣势地位。在他最新的构想中，他指出这包括"一种调整经

---

① 努斯鲍姆的能力理论将在以后讨论。这里的关键是，她不采取单纯的普遍主义道德立场，而是承认对价值达成共识的重要性。

② 罗尔斯的作品（1971）提及了最初的构想。继首次出版后，对于其中某些理性反应也做出了修订，这些修订后的说法见于罗尔斯的著作（2001）中。

济力量长期趋势的政治法律制度框架来防止财产和财富的过度集中，尤其是那些可能会导致政治支配的集中"（罗尔斯，2001：44）。

　　罗尔斯正义论影响深远，是因为在理性选择理论的支持者接受的范围内，他提出了一个维护初级产品平等的合理论据，而没有诉诸自然法、神学、利他主义、马克思主义的目的论或对人性的诊断。罗尔斯的原初状态可以与哈贝马斯的理想言语情境相媲美。它们的结果都是在确保公正的条件下形成的正义理论。然而，罗尔斯并没有把他的论点放在沟通上，在提出差异原则时，他推导出初级商品的平等构成正义的内容。争论产生于定义什么是公正和不公正的，而不是正义本身（罗尔斯，1971：5）的优先地位上（罗尔斯，1971：5）。

提出的问题

　　基于一致性和公平性的论证，正义成为评价公共政策的首要标准。因为这些论证是在主体的最高水平上，选择使用这个标准
15　不需要在决策的每一个实例中重新制定，可以适用于通过民主程序是否做出决定之时①。一旦我们接受了正义的标准，我们就要面对以下它在城市环境中的应用问题。

　　1. 在富裕的西方世界中，正义城市需要具备哪些特征②？如果正义的内容是由社区定义的，城市是由不同的社区构成的，特别是如果是多元性、民主和可持续性，而非公正的物质分配构成正义，谁的定义应该占上风？

-----

① 关于政策分析中不同层次的规范性判断见费希尔（1980）。虽然正义城市的概念是一种社会构建，源自话语，它是通过在不同分析层面上考虑某一特定政策是否促进正义而得到发展的（见费希尔，1980、2003）。目标不是以偏好的形式等着被发现，也不是在每一个交换中临时重建的（林德布洛姆，1990；吉登斯，1990）。
② 虽然我所讨论的也适用于发展中国家的城市，但我并没有把它们考虑在内。

2. 正义城市的特征在最近以纽约、伦敦和阿姆斯特丹为代表的西方城市史 (1970～2009) 中实现到何种程度? 要考虑的问题包括重建计划的组成要素, 公共空间的性质, 产权的程度和特征, 再分配方案的程度, 内部关系以及不同社会群体的空间分布。

3. 塑造了这一历史的经济和社会力量、政治、规划和政策有哪些? 社会力量与政府活动之间的相互作用是什么? 在何种程度上公共部门能够自主行动? 城市因其国家的背景和全球竞争的力量受到何种限制?

4. 在地方层级, 提高社会正义可以遵循什么样的策略? 机构/社会运动可能会给它们带来什么? 是否有理由期待一个仁慈的国家, 由称职的官僚机构领导, 推动进步变化? 社会运动是否具有向更公正社会转型的希望①? 是否有可能同时促进增长和公平 (即, 竞争力和凝聚力之间的关系如何)?

这些广泛的、植根于历史的问题简而言之是过程与结果、特异性与普遍性的问题。决策过程的特征在何种程度上影响其结果的公正性? 某些特定程序是否有利于特定群体? 加强公民参与是否能产生更多正义的结果? 从一个地方的案例得出的结论适用于其他地方吗? 这本书仅在发达国家的案例中进行分析。我不愿意应对发展中国家的城市正义问题, 在我看来是因为, 虽然正义原则应当在任何地方都适用, 但是在相对富裕的地方可以运用的方法不能简单地复制于贫穷的城市。

非改良主义改革

城市规划项目改革策略出炉的同时, 也产生了两个主要问题。一是有关城市自治区的数量。政府的福利政策使得能够积极

---

① 吉登斯 (1990) 和卡斯特 (2000a) 认为体制转型的基础在于比如环保主义和女权主义这样的广泛的社会运动方面, 而不在于阶级基础的政党方面。

参与再分配项目的城市比重受到限制①。城市并非孤立的产物，它们存在于多种政府机构和资金流动的网络体系中。但同一国家的城市间在开放度、公共服务质量、经济适用房的供给、隔离或是融合等价值观问题上的差异都表明了其自治程度的不同。这在美国尤为突出，其联邦制度、家庭传统规范及国家政府不参与城市规划项目的体制加剧了城市间的差异。然而，即使是在英国这样一个政府权力高度集中的国家，其地方领导权也使得城市发展遵循了不同的道路。

因此，尽管政府对其他层面的支持限制了城市当局对资源的重新分配，但仍然有可能在城市当局的权力实施及城市规划目标上实现正义（费恩斯坦和赫斯特，1995）。卡斯特（1977）并不认为城市是用于生产的空间形态，而是集体消费所在地，也就是说，城市是市民获得集体财产用以弥补收益不足的场所。因而他认为城市社会运动即使无法成就社会改革，也能够成为城市变革的潜在力量（卡斯特，1983）。那么据此推理，尽管城市运动仅局限于在它们所关注的层面发生变化，但其的确具备深层变革的潜能。这一层面正是本书所关注的重点。

另外一个悬而未决的议题是再分配和认可的程度（即，对不同文化群体的尊重和承认）在资本主义体制下是否可以实现。南希·弗雷泽（2003，70~82）在谈及非正义时曾区分过平权型政策及变革型政策。平权型政策在不打乱潜在的社会结构的基础上对不公正结果进行修正，而变革型政策力图改变产生不公正结果的社会结构。她指出，变革型政策尽管在理论上是受欢迎的，但很难在实践中获得成效。她找到一个中间立场即"非改良主义改

---

① 在费恩斯坦（2001b）的书中我谈到最为平等的城市－地区模式存在于这样的国家里，它们有高度灵活的福利制度，市政府在减少对财政基础的依赖的情况下仍然能够获得更多再分配政策中的选择权。保罗·彼得森（1981）曾认为地方政府无法承担再分配政策的选择，原因在于以高税收来支撑福利制度势必会将资本拒之门外。

革"，使这种改革能在现行的社会结构中运行，同时"又能调动一系列的变化，使得更激进的改革随时间的推移变得可行"[1]（弗雷泽，2003：79）。

　　这一理念重新提及了一个世纪之前的那场社会主义者间关于改革在资本主义民主体制里是否可行的辩论，尤其使人联想到了爱德华·伯恩斯坦。相比之下，正统马克思主义者认为，"民主修正主义者既重视道德与伦理，反对科学与唯物主义，同时也关注人的意愿及阶层间的合作，反对强加的经济力量及不可避免的阶级冲突"（伯曼，2003：121）。旨在建立一个更加平等社会的改革运动势必要找到一个基于人的动机而非历史必然性的理论阐述。而且，如果改革运动并非一定要通过革命或期望通过革命得以实现，那么它势必要通过政治实现其目标。针对现状的实用主义策略及新霸权主义的发展成为那些怀揣道德信念致力于人类幸福之人的主要工作："这些改革和激进的行动或许正在发生深远的变化，以期掌控管理各种（结构）关系"（马里斯，1987：148）。正如埃里克·欧琳·莱特所述，"（其他）体制上的设计也可以构成在资本主义社会内部实施社会改革的实用主义项目的一部分。可行的资本主义方式有很多种，它们都在各个社会经济体制下以多种方式介入非资本主义的原理（莱特，2006：22）"[2]。

　　这也是本书的目的——提倡非改良主义改革，旨在提升西欧和美国城市居民的生活水平。我希望将讨论的重点转换到针对城区人口的城市规划和公共政策的讨论，减弱对已成为规划理论[3]主体的过程的关注，重新指导从业者摆脱经济发展带来的困扰，

[1]　这一术语源自高兹（1967）。
[2]　这一说法在库克（2006）书中的第三章、弗雷泽（1997）以及冯（2005）的书中也有提及。
[3]　尽管对交际理性规划理论者的关注与对负责城市规划的政府工作人员的关注并行，但他们并未提及实际政策对城市的有利之处，而是着重于规划者、政客、股份持有者之间的互动。这一观点在费恩斯坦（2005b）与博勒加德（1990）的文中讨论城市作为规划主体地位的丧失时予以谈及。

19 转而关注社会公平。毋庸置疑，正在使用的几种程序模式同社会结果之间、体制与利益分配之间、经济增长与低收入人群生活改善的可能性之间息息相关。然而，民主的过程并非总能得到平等的结果，科技发展也伴随着难以觉察的规范性偏差，经济增长并不必然惠及大众，大众喜好也可能被误导。

假如建成正义城市是城市规划理论的目标，那我们应如何推动理论的发展呢？莉奥妮·桑德科克在她的《走向大都市》一书中提到一个策略。她认为正义城市是具有社会包容性的城市，在此差异不仅被容忍，更被尊重和认可。她因此主张希望将"规划理论与其他理论性话语相联系——尤其是围绕城市的边缘性、身份及差异性和社会公正的辩论——因为正是对这些话题的辩论为那些言论常被规划者忽视的群体赋予了权力"（桑德科克，1998：110）。约翰·弗里德曼（2002：104）曾提出一个乌托邦式的愿景并对其进行评论："对于非正义表现出的道德愤慨表明我们是具有正义感的，尽管不善表达……假如非正义要得以修正……我们将需要这种乌托邦思想的具象化以便提出具体的步骤，使我们离正义的世界更近一步。"① 在谈到如何让乌托邦思想影响历史时，哈耶尔和瑞金道普（2001）曾在一本调查环境可持续性目标如何逐步渗透到社会中的书里描绘了联合政治、演说及对结果的关注之间的相互交织。将政治与愿景、政策与正义相联系，就构成了现实乌托邦主义的形式，而这也正是本书的宗旨。

本书的组织结构

接下来的一章详细阐述了哲学方法对正义问题的探讨，尤其

---

① 同样，梅芙·库克（2006：162）也支持乌托邦主义所坚持的"在现存的历史现实中的潜力可以通过人类的独立思考与行动使其得以解放，变为现实。"她将此既与持有抽象终极论的具体的乌托邦式的理想相对比，也与马克思主义理论中的历史必然性做了比较。大卫·哈维（2009）也曾摒弃空间形式的乌托邦主义，而转向辩证的乌托邦主义。

审视了在平等、民主和多元性议题上的各种相互冲突的观点。可　20
持续性的问题仍会提及，但不再是探讨重点——这并非因为其本
身不重要，而是很难在一本书中涵盖过多。第二章主要探讨由城
市复兴项目及正义理论在项目实施过程中的适用性所引发的道德
问题。接下来的三章主要通过对纽约、伦敦及阿姆斯特丹三个城
市案例的研究探讨它们在城市复兴方面所做的努力。第六章审视
了这些案例研究所产生的众多问题。这些问题包括城市生活的商
业化、将旅游业视为支柱产业所产生的影响、公共空间消解之后
城市权利的走向、城市分区之间的关系以及城市与郊区间的关系
以及城市规划中的参与。最后，本书总结出一系列城市治理政策
的基本原则，以期进一步促进正义城市目标的实现。　21

第一章

研究正义问题的哲学方法

继 1971 年约翰·罗尔斯的奠基之作《正义论》问世之后，就正义问题的讨论和研究文献层出不穷。对正义城市的研究理应以这些研究为基础。在这些文献著作里，与城市政策密切相关的话题主要集中在"是什么构建了正义标准"。因此，我把在哲学文献和规划理论方面的讨论提炼成以下四个我最关心的话题：第一，民主进程与正义结果之间的关系；第二，关于平等的判断标准；第三，关于认可的判断标准；第四，民主、平等和差异之间的紧张关系。

笔者认为，最近关于政治哲学和规划的理论总是强调民主进程是公平的关键，这过分夸大了开放式沟通的效果，而忽视了争论的实际意义。本书首先阐释了公平这一概念，接着在定义城市公平这一概念时探究了尊重差异的重要性，然后，从构建正义之城的价值基础方面发掘并探讨了森和努斯鲍姆能力方法的优点。笔者在引言部分就曾指出支持大卫·哈维的论点——正义一词因社会、地域和历史背景的不同有着不同的含义。因此，本书建立在正义这一首要概念基础之上，选取了 21 世纪初城市政策深受新自由主义方式影响的富有的西方国家城市，在这一特定背景下来解释正义的含义。

23

民主进程和正义成果

决策过程是近期许多规划和公众政策方面的关键理论所关注的焦点[①]。在公共决策中要求透明、包容和协商是对自上而下的，以政府计划为依据的组织管理严密的技术方法的反应，如城市复兴、排除分区和有毒物生产设备的置放需要公众决策方面的透明、参与和沟通协商。评论认为阻挡了受影响群众的呼声就会给城市规划带来不公正的影响，所以需要开放进程。这一分析的逻辑在沟通过程中引起了强烈的关注。在我看来，许多这样的批评是恰当的，但是所提出的这一更开放、更民主的补救措施未能充分对抗权力的初始差异，几乎没有提供克服合作或是拒绝改革的线索，没有充分提出民主理论的主要缺点，而且讨论偏离了政策的实质。

两种不同的路线——一个是认识论（或后实证主义），另一个是以实践为主导——导致了争论的局面，把交际模式确立为规划和政策制定的规范性标准。认识论的方法主要关注的是备选政策是如何产生和表达的；实践为导向的方法则考察了从备选项中选择的过程。在本章的剩余部分，根据每个方法，我展开了以交际模式为基础的基本讨论，然后在批评交际模式的假设上，我提出了我的推理——一个正义的过程必然产生一个正义的结果。

认识论的方法

交际模式要求具备联系语境的知识，需要依赖推理、共鸣，

---

① 除其他外，见希利（2006），费希尔和福雷斯特（1993），福雷斯特（1999），英尼斯（1995）。

以及多种类型的证据支持对政策建议的理解。其方法回避了宣称不受价值影响或客观的、存在偏见的实证主义政策分析。实证主义要求社会科学调查符合作为自然科学这一程序，"因为只有基于经验的因果关系知识才可以使社会科学成为一种真正'科学'的努力，社会科学家受到指示要避开规范的方向，并把他们的研究调查局限于经验或'事实'现象"（费希尔，2003：122）。与此相反，交际理性的认识论是基于后实证论断，没有可识别的客观现实存在却只解释现实。因此事实的整理与成本和收益的测量，以可检验的假设的形式呈现并通常定量重现，混淆了分析背后的假设和规范性框架。例如，决定拨款进行公路建设通常使用把节约的时间换算成金钱的计算方法作为衡量指标，通过这一指标来评估项目成本和公共利益之间的关系。其他考虑的类型——如把资金投入医疗保健和教育可能获得更大利益，无收益人时间的主观价值，例如父母照顾孩子，公共交通的更高的安全性，以及汽车运输造成的污染影响——这些都是不需要计算的部分。它们当然可以被赋予货币价值，包含在分析中，但是附属于每个要素的价格和不同考虑因素的权重会是主观的。换句话说，重要因素的计算和考虑问题的权重必然是以价值为基础的，并且包括了一些可能在开始已被排除的重要的考虑因素。

因为，按照后实证主义的方法，适当的决策程序涉及一种混合的价值声明，经验证据和主观感受的结合，它的支持者认为，我们应该把制定政策和规划看作是论证实践，而不应当作准科学（费希尔和福雷斯特，1993：2）。因此，这个过程是社会建构的，过程的决定是有关各方共同作用的结果。在一个民主社会中每一方都应该有发言权，没有特权阶层，无论是基于权力还是技术专长，特权阶层都不应该存在。后实证的认识论会让人们关心知识是如何传达并让人们接受展开讨论的种种方法，特别是包括逻辑推理、轶事和情绪反应和定量测量等手段的叙述建构。

实践导向

支持交际模式的规划理论家从杜威实用主义的哲学传统和哈 25
贝马斯的合理性中获得理论支撑。而约翰·杜威的作品来自英
美哲学的现实主义和经验主义，哈贝马斯的哲学思想可以追溯
到黑格尔的唯心论和马克思主义的批判性分析，以及维特根斯
坦的语言审查。交际理性与新实用主义汇聚在规划理论中用来
提供行动指南，因为它们既强调确定正确选择过程的重要性，
又回避为评价决策的内容提供抽象的标准。于是，沟通规划的
概念是由这样的命题开始的"应该通过主体间努力实现相互理
解和重新调整规划的做法来做出决定，共同发现目标"[1]（希
利，1996：239）。

新实用主义者趋向经验主义，寻找最佳实践例证，从中可以
概括得出：

> 对务实的分析家来说，最大的问题是从业者是如何构建
> 可以实现制度化的民主规划的自由空间。这种想法……是去
> 发现既有能力又具民主的规划事例，并探讨谁是实践者，谁
> 去做，他们采取了什么行动来做到这一点，什么样的制度条
> 件帮助或妨碍他们的努力（霍克，1996：42；且参见英尼
> 斯，1995）。

虽然实用主义的"最佳实践"方法似乎意味着对结果的判断，但

---

[1]　协商一致或相互理解的期望并不代表所有当代民主理论家。因此 I. M. 杨
（2000）预计不可调和的利益冲突；墨菲（2000、2005）提出了一个"斗殴
民主理论"，其中唯一的共识是接受基本的民主机构；马克·珀塞尔（2008）
"激进多元主义"的民主形式同样看到了冲突的延续，以及特殊主义的利益。
帕奇·希利（2003：114）认为，争论进程的结果可能是"解放和创新的，
但也可能是压抑的"。

它通过避免导向的发展解决了这个问题，导向指的是什么是"最好的"，正如霍克所说的那样，"有能力的"。

26 　　交际规划理论与政治科学家们从协商民主中提取的理念是类似的①。在规划理论中规划的理念为多元性，要求对立的利益集团之间的协商，这在保罗·达维多夫（2003）有关宣传策划的著作里得到阐述。这篇文章最初发表于1965年，号召规划者为困难群体而不是公正的技术人员的利益工作。达维多夫在法律和规划宣传之间做了一个类比，从实质上提出了代表客户的规划者框架。他的论证直接来自密尔（1951：108）对棘手的思想相互对抗的重要性论点："他［人类］通过讨论和经验能够纠正自己的错误……一定要有讨论，以显示经验是如何得到解释的。"

　　在20世纪60年代和70年代，新左翼要求参与式民主，以及当时由城市抗议运动发动的对自上而下规划的反抗，激发了左翼社会科学家重新审视民主理论。他们正在寻找能够支持民主视野的概念，这将超越周期性投票和简单的偏好集结。60年代和70年代的社会运动使他们认识到代议制民主模式，政治家在其中选

---

① 弗里曼（2000：382，进一步强调）概述协商民主的戒律如下："作为政治关系的理想，协商民主是身处其中的政治代理人或其代表（a）旨在实现集体审议表决，（b）他们的真诚和明智的判断会（c）有利于公民的共同利益。（d）政治代理人被看作是且彼此看作是民主公民，他们在政治上可以自由和平等地参与公民生活。（e）宪法权利的背景与多功能的社交手段使公民能够利用他们的机会参与公共生活。（f）公民的独立自由，他们有自己的自由来决定善的观念，这些观念都被看作是合法的，即使他们是独立于政治目的之外的。此外，（g）自由公民有多样的和不协调的善的概念，这是受到宪法保护的基本权利。由于这种多样性（h）公民认识到在公共政治协商中引用公共原因时的责任——这是所有理性的公民在作为民主国家的公民时可以接受的考虑——和避免针对这些缘由的基础进行公共辩论，特别是在针对其特殊的道德、宗教和哲学的观点，且这些观点与公共理性是不相容的情况下。（i）使这些原因公布于众的是，它们与推动公民的共同利益有关并以某种方式超越后者。（j）初级公民之间的共同利益是他们的自由、独立和平等的公民地位。"万能的社会手段"指的是相对平等的背景条件。同样，阿克曼（1980：28）指定物质平等作为"自由主义政治对话"的先决条件。此外，参见戴泽克（1990）和古特曼及汤普森（1996）的著作。

择政策和简单地执行偏离现实政策的官僚——一个在相当大自治领域发生的官僚和规划决策的现实（利普斯基，1980）。尽管城市运动在 20 世纪末呈现衰落之势，对公民参与和制度化（伴随着许多城市政府职能的权力下放）的预期意味着民主程序问题仍然是有关的。在那些年里，社区活动家继续质疑规划部门做出隔离技术决策的合法性（斯科特，1998），以及各种公民团体被纳入政府活动的合理性。

协商民主理论出现在政治学中，以抵消以利益为基础的公共选择范式的主导地位和它的保守倾向。怀有这种理念的理论家认为基于自身的利益，人们没有可以简单表露出来的固定偏好；相反，他们声称人的看法是通过互动被别人了解。作为社会分析中对经济主义思想的反驳，这代表了一个进步式的举动，但它并没有充分应对在资源为私人拥有和控制的社会中对民主的限制问题。

包容性协商，公平与正义的关系

在对善意的依赖中，交际规划理论通常不考虑利益的结构性矛盾，从而避开分析阻碍共识建立的社会背景①。另一方面，社会主义理论与实践真正关注自身的公平问题。马克思主义的社会主义理论要求生产资料公有制。由于社会主义在苏联和东欧的操作，它涉及经济企业的国有产权；西欧的社会民主党派的集体理想是通过国有部门重新分配私人所创造的收入。然而，那种苏联式社会主义的梦想，随着苏联集团的垮台而褪去了，

---

① 在他们的网络理论评论中包括交际规划理论的一部分（见阿尔布雷克特和曼德尔鲍姆，2005），蒙勒尔特和卡巴莱（2006：60）评论道："过分强调制度建设中人与人之间的关系和信任掩盖了结构和机构的作用，危险出现，网络被理想化为社会组织形式。"马克·珀塞尔（2009：141）断言："新自由主义项目所需要的是被广泛看作是'民主'的，但并未（或无法）从根本上挑战现有权力关系的决策活动。只要交际规划植根于交往行为，它就是这样一种决策实践"。换句话说，与现有结构相比，交际规划本质上是保守的。

并不再提供曾经指引左翼思想家的北极星。苏联式社会主义的失败，正如它真实存在的那样，随着个人主义意识与消费主义意识的逐渐高涨，以及西欧传统工薪阶层的衰落，引起了社会民主党派节制其平等计划，这同样可用来置疑国家的潜力，如果其对经济的完全掌控确实能保障公民利益的话。

要求更广泛意义的民主，未被歪曲的话语并且承认差异的存在，这些似乎是在承诺更大的平等，鉴于非精英群体的利益具有更多代表性这一后果："协商民主派认为，限制政治支配和……通过公共政策以促进更大的社会正义的最好办法，是推动创建场所并推动政体的多元化和分歧元素之间的协商过程"（杨，2001：672）①。然而，这种做法依赖于一个良性希望，理性的讨论将产生没有任何预定程序的结果，预定程序会指明正义的内容或哪些参与者在讨论中占据道德制高点。正如南希·弗雷泽（1997 年 2 月）断言："尚没有出现全新进步且公正的社会秩序愿景来取代社会主义的位置。提升'激进民主'和'多元文化主义'到那种地位的建议表现了某些方面对于此的愿望"。或者，正如缺少同情的布朗纳（1999：18）所说的那样："民主已成为所有问题的答案和解决方法。"

认真倾听每个人的意见，没有特权阶级在交换中享有特权，这是一种理想，是一种重要的规范性论证。但它并不完整，它并没有充分处理民主的经典难题。这包括确保在一个大的社会分组里有充分的利益代表，防止出现煽动，比象征性的公众参与实现更多，防止经济上或制度上强大的利益集团控制议程，维护少数人的权利。政治理论家们无休止地争论这些问题，但它们仍然没有得到解决。

如果民主思想未与经济政策结合在一起，那这样的民主思想

---

① 杨（2000）自己呼吁以社会运动为基础的民主，其中抗议和公民的不服从是可以接受的参与方式。

在理论建构上是很薄弱的。一旦受到打压,在社会与经济不平等的情况下,协商性民主制度便举步维艰;为了使民主制度正常运行,必须创造出平等的尊重和未扭曲的话语背景。然而,奇怪的是,如果不解决克服财富和权力的巨大不平等的棘手问题,当单独的说法突然出现时,政治和规划理论就会侧重于民主程序的讨论。换言之,这些分析纯粹是政治,而非政治经济的:"自由主义假定政治的自主性是以一种非常强的自由形式存在的,自由主义政治理论认为组织一个以产生系统性的不平等的社会经济和社会群体结构为基础的政治生活的民主形式是可能实现的"(弗雷泽,1997)。

在一个不平等的社会中,民主和正义常常是不一致的。我在规划理论上所谓的批评重点并非是其超越参与式选举而扩展了民主,而是在于开放式交际的有效性信仰,它忽略了结构性的不平等和权力层次[1]。此外,它略过了在现有的历史背景下,公民是他们自身利益或公众利益的最佳评判者这一问题。协商之后,人们仍然可以做出对自己或者对少数人有害的选择[2]。努斯鲍姆(2000:135)指出,该"以欲望为导向的方法……[民主决策取决于此]接近不因为在社会等级中认识自己的位置而被权力或权威所恐吓、受嫉妒或恐惧影响的社会平等思想。"古特曼和汤普森(1996:348)也同样指出有意义讨论的必要条件:基本自由,基本机会和公平的机会(见弗里曼,2000:414)。他们指出:他们的协商视角"明确拒绝这样的想法,即有时协商民主在合适的条件下,确定……是完全符合合法律和公共政策的"(古特曼和汤普森,1996:200)。换言之,民主协商的功能只有在机会均等的情况下才能正常行使(也可参见科恩,1996)。

---

① 针对交际规划理论的批判过程,它无视协议的执行问题,而且忽视了耶夫塔克所称的"规划的阴暗面",见费恩斯坦(2000),H. 坎贝尔(2006),沃森(2006)与耶夫塔克(1999)。

② 穆勒(1951:89)害怕"流行观点与情感的专制"。

在这些争论中有一种循环或无限回归的元素。交际理论假设非正义的后果流程必须保证没有真正公开，否则参与者会由于扭曲的交际而不能被充分告知。该模型假定参与者知道自己的利益，或者至少将透过辩论的过程发现它们，并且，他们将通过讨论改变制造协商所需背景条件的结构。马克思有关于虚假意识的概念，即人对不平等的社会关系结构的看法，安东尼·葛兰西也有对霸权意识形态发挥作用的描述。个人可以自由地相互表达想法，但仍然是因接受现存的社会关系、制度和意识形态而违背自己长远利益的囚犯①。尤其是在主导的精英控制了传播媒介的情况下。

艾里斯·玛丽恩·杨、尚塔尔·墨菲、马克·珀塞尔以及其他一些人，在支持强大的民主国家的同时，也打破了规划理论发展中交际模型的形式。他们认为，民主参与的多元化形式，其中社会运动施加了强大的需求，将被纳入公平的目标，从而减少不公平现象。然而，这一切都要取决于这些需求的内容。例如，要是我们看到美国和欧洲反移民情绪或反堕胎运动的基础，我们就会发现这些反自由的社会运动具有广泛的民众支持的基础。这表明，如果民粹主义的观点是错误的，说此是由扭曲的交际造成的却是十分愚蠢的事，因为政治权力恰恰在于制造情感诉求，尤其是考虑到许多交际理论家打破了哈贝马斯所强调的理性话语，而不是用赞同的言论和说服的方式讲故事（桑德科克，1998：第3章）。

虚假意识不仅是一个左翼的概念。保守派理论家主张，出于无知或煽动者的影响，人民群众将采取有违公众利益的行动。在社会问题方面资本主义精英可能比人民大众更加宽容。政策制定者的做法可能会高于政治敌对，同时，制定决策是基于对公共利益的一种抽象构想，这种观念源于一种看法，那就是人们会选择

---

① 沃尔夫、摩尔和马尔库塞（1969）认为，作为资本主义霸权的结果，宽容，也就是说，允许自由发挥创意——会因为排斥在主流之外的所有话语而遭到抑制。这一观点最近已被温迪·布朗（2006）采纳。

基于短期自私的考虑。它用来证明保护官僚主义使其杜绝来自政治的投入。虽然很明显这种观点可以为独裁主义和享有特权的精英的利益提供理由，但也不能简单地被驳回。公民，和精英样可能被误导并进行自我服务，就像民众参与讨论时，邻避主义的盛行所显示的那样。

在拒绝专制式决策时，交际理论家们忽视了这种可能性，即家长作风和官僚主义决策模式会产生理想的结果。然而，各种对欧洲福利国家以及美国新政的研究得出的结论是，确保健康和安全的主要方案是由政府官员在几乎不考虑大众利益的情况下提出来的①。尽管这些措施在没有支持团体和对立的社会运动威胁的情况下可能得不到批准，但没有太多的利益相关者的投入，政策的实际制定（即它的规划）却发生了。尽管为自己着想的民主价值观的承诺反驳对仁慈专制的呼吁，并且使我们希望市民投入，但我们不能立即否认隔离决策可能会比公众参与产生更加正义的结果。美国民权运动获得的收益最初是由司法决定，而不是立法工作的产物。当今的新加坡可能被列为一个仁慈的专制主义国家，尽管它限制了自由的空间，特别是民主，但它也为它的公民提供了一个非常高的生活质量。当然，在另一方面，我们也可以思考更多的实例，这些实例说明专制决策造成的结果是强烈偏向上层阶级利益的。

质量参差不齐的官僚决策往往具有不确定性因素，往往将国家特征视为一种重要变量。这种变量需要在任何一项需要协商的解决方案中予以说明。

> 国家空间政策的规划连接是给予规划实践以特色，无论我们谈论治理、治理性，或叛乱计划。城市/空间/环境/社区规划的实践被连接在国家多元性和不断变化的方式中，其

① 弗洛拉与海登海默，1981；门彻，1967；埃文斯、鲁施迈耶与斯科克波，1985。

权力和资源被部署在空间管理项目中。忽略这种背景的理论会使它们冒失去对规范效用解释潜力的风险。（赫胥黎和耶夫塔克，2000：339）

当国家权力为精英阶层的利益而驱使，有效的民主可以对抗非正义的影响；当改革者设法掌控国家的权力，让官员做决定或许是实现正义的最佳途径。

有关协商途径的一个更重要的问题从言语和行动之间的关系中产生。社会意识的重大变化需要更深层次的变革而不仅仅是口头的同意（卢卡斯，1971）。即使对利益的感知因扭曲的言论而产生偏见或被它误导，即使结构由社会生产，仅仅改变言论本身也并不能改变塑造意识的结构。在对黑格尔的批判中，卡尔·马克思和弗里德里希·恩格斯（1947）认为世界是通过斗争而不是思想的力量来实现变革的。正如他们常常被误解的那样，他们并不认为经济结构能自动决定结果，而且人类的机构不能影响它们。但他们确实肯定，如果言论得不到带着破坏威胁的社会力量的支持，则言论就不会盛行。

思想的形成和社会行动之间需要一个介入动员的阶段，并且两者是相互关联的。思想可以引起社会运动，反过来社会运动能够改变思想，最终导致新的公共政策的实施，但这不仅仅是和利益相关者之间建立的谈判和共识。从女权主义、环保主义、反增税运动和新自由主义（西方过去几十年内最具影响力的社会运动）的例子看，一种思想既提出了引起不满的原因，又设立了一系列目标去克服不满。当这种思想激励着具有影响力的人口数量中的不满情绪，这种不满就成为一种社会力量。这种逐渐产生的将理论付诸实践的意识需要领导和力量的动员，而不是人们简单的共同推理。即使在一个社会运动中，共同意识不仅来自于具有相似价值观和利益的人们的讨论，也来自于本能反应。因此，有变革能力的社会运动，无论是像新自由主义一样保守，还是像环境学家一样进步，都包含扭曲和反对的争论并且都依赖于情感诉求。交际理论家关心的是如何克服民主进程方面的结构性障碍，促进有利于开放交换的体制的建立。但他们不会在体制转型上有太大的热情，除非它们可以指向一种超越民主本身的实质性成果。

33

　　语言的力量取决于演讲者的能力。引用傅以斌的话（1998：234），"当我们理解权力时，我们看到，我们不能仅仅依靠基于理性的民主来解决我们的问题。"约翰·福雷斯特（2001：269）在对傅以斌著作的评论中，对他的"喘不过气来的惊喜感"而感到惊奇，认为权力和政治应该影响规划。福雷斯特认为傅以斌的发现是司空见惯的，并希望通过使用一种关键方法揭示权力自身，但没有提出办法来解决这个问题。他对权力差异的补救方法是改变人们的想法。然而，尚塔尔·墨菲（1999：752）认为：

　　　　真正的利害攸关……是需要承认权力与对抗的维度，还有它们不可磨灭的特点。通过假定一个公共领域的力量和对抗都被淘汰，那么一个理性的共识就本应该在其中实现了，这一（协商）民主政治模式否认在政治冲突性维度中起的核心作用，以及在集体认同形式中起的关键作用。（特别强调）。

还有就是在交际方法中的天真，其回避系统性扭曲和信仰的根本原因是因为它们认为理性能占上风（诺伊曼，2000）[①]。傅以斌（1998）指出，很多被接受为理性的东西只是合理的解释得到有影响力人物的传播和重复。

　　马克·珀塞尔（2008）提出的民主规划模式是通过识别话语

---

　　① 这并不是哈贝马斯作品中所描述的情形：理想的语言情境是针对进程评估的重要标准。因为对于许多学者而言，他们试图用交际作为实践的指导。

扭曲和权力关系的必然性来考虑协商方式的弱点。他明确反对
"民主决策的正确目的是达成共识和/或共同利益"的说法。相
反，他选择了"社会运动模式，其中弱势群体走到一起，来寻求
最能满足他们特殊利益的民主成果"的主张，只有通过这样的行
动，才有可能纠正不平等（2008：77）。他的理论和罗斯·朱克 34
的主张相呼应，后者发展了民主实质理论，其提出了"经济资源
的正义分配是民主法治的标志性特征"[1]的论点。

　　我本来会认可这一规划，但它存在问题，因为它合并民主与
经济平等，重新定义已偏离了本意的民主。珀塞尔和朱克正在施
加公平，而不是以参与或协商作为判断决策的准则。他们的论
点，类似于 T. H. 马歇尔（1964）在论述其公民意义表征方面的
观点，该观点遵从这一逻辑，即没有相当可观的经济平等，形式
上的民主便排除了弱势的真正影响力（无论是根据收入还是个人
属性）[2]。其目的是反对程序主义的民主概念。但经过分析更加清
楚的是，如果民主和公平（或正义）的定义是有区别的，那么流
程和结构情况可以分别考虑。

　　当代关注的协商程序和公众参与都刺激和反映了更加开放的
政策制定。然而，尽管公众决策已经比过去更具参与性，权力越
来越分散，但我们已经看到了不平等的增长，至少有一部分是政
府行为的结果。如果我们希望看到更多的正义，那么这种趋势强
调把公平的规范运用到政策评估中的重要性。下一部分发展了这
一论点。

---

① 　朱克（2001：1）。伊恩·夏皮罗（1999）进一步解释了民主的实质性内容，
认为参与是重要的，但绝不能替代正义，因为他将正义定义为消弭专制。
② 　马歇尔将公民权归类为法律权利，政治权利与社会权利，从历史角度而言，
每一种权利都会超越另一种权利。只有拥有了充分的社会权利才可以充分行
使法律权利和政治权利。卢梭也有相类似的说法，即平等是自由的前提：
"人类两大主要的权力就是自由和平等，因为没有平等就没有自由"（卢梭，
1987：170）。

公　平

当提出一个标准来评价公共决策时，我选择公平这个词而不是平等。我所采用的术语是公平，它指的是公共政策所带来的物质与非物质的利益分配。那些早已富裕的阶层不能从这些公共政策中受惠。此外，不需要对每一个人都同样对待，只要对待方式是适当的就行了。按照这种解释，那些由市场活动引起的分配也包括在内。既然把分配交给市场的选择是一项政策所决定的，那么分配就被看作是在公共政策范围内进行的。相对劣势可能会以种群特征来定义。

喜欢公平这个术语甚于平等有两个原因。第一，平等的目标过于复杂，要求很高，并且在资本主义城市背景下实现这个目标是不现实的。反对基于对能者的奖励，激励机制的彻底毁灭，贸易增长和平等之间的权衡或者以更大多数利益的名义对于平均值以上的所有人实施不公平的惩罚等，都受到了各方的反对。因为城市中更正义的政策效应不足以从根本上改变收入的分配，所以似乎没有必要建立一个被否定的目标。在发展正义之城这个概念上，我阐述一个正义城市概念的目的是为了提供一个平价标准，通过这一标准判断城市政策和要表达的城市运动的目标。这一级别的更改可能足以促成卡斯特提出的"城市革命"，但只有在国家和国际层面上的力量调动才能使其发生重大转变。

然而，在城市决策中应用公平标准可以提升弱势贫穷群体的社会地位，这只是在特定决策影响的名义下，而没有暗示其决策有足够范围实现平等。大多数情况下，促进经济增长机制下的城市政策通常会更倾向于较为富裕的社会阶层。相反，有利公平的制度要求通过弄清楚"（a）谁从中受益和（b）在何种程度上受益？"来衡量程序的分配结果。支持公平的程序则更有利于不是很富裕的社会阶层。也就是说应该实行再分配，不仅仅在经济上，同时也在政治、社会、空间上进行合适的再分配。

第二，公平通常是用于描述影响的政策分析术语。它意味着公正，这是一个比平等更广泛被接受的有价值的词。比起将较富裕人群作为目标，它能够获得更广泛的政治支持。因此，对民权和人权的需要，想要获得教育和保健机会，以及对家庭的保护比只是要求赔偿和工作配额更容易为人接受。因此公平是一个政治策略术语，尽管事实上它是一个走向更大平等的举动。

分配的公平性，代表了一个特定的公平观，其政策旨在改善那些人的境况，没有国家干预他们会遭到相对的遗弃。但是，以自由主义政治理论为基础的功利主义框架形成了政策分析的一般依据，它与这种功利主义框架是矛盾的，因为大多数人之最大幸福的学说没有提到那些不属于多数人群的幸福。然而，公平优先与自由主义理论中以罗尔斯对公平正义的理解为代表的那部分相一致，也符合马克思主义思想的某一可能的解释。以下各节讨论了自由主义政治理论提出的问题，也在罗尔斯对功利主义的批判中，以及在新马克思主义的理论中，找到对公平分配这一概念的支持。

自由主义理论

政府契约理论，以约翰·洛克的作品为例，阐述了保护个人权利的民主政府形成的原则；它是自由主义传统的政治理论的基础。功利主义，最初是由杰里米·边沁描绘和约翰·斯图亚特·密尔进一步阐述，提供了传统的政府决策中的指导。它按照绝大多数人的最大利益的功利性配方计算，通过建立这种公共利益形成一种理想的公平，作为适当的标准用以评估政策：

> 关于总体进步的公共决策制定的功利性思潮影响……是巨大的……边沁的中心命题是，实现理性选择的唯一且始终如一的方法就是评估行动给我们所带来的快乐或痛苦方面的

后果。该评估是通过总计个人效用得以实现的。每个人在计算中的计数为 1 和不超过 1（公正原则）。一个好的公共政策是能最大化个人乐趣的，或者可以采用功利主义的一句口头禅，实现"绝大多数人的最大幸福"。在理论上，"最好"政策的选择就是一种简单的计算。（坎贝尔和马歇尔，2006：242）

在功利主义中，公平意味着有利于大多数。在 18 世纪和 19 世纪的欧洲，它与基于选举多数的民主理论形成的进步是一致的，并采用了合理的满足民主需求的方法。它表现出计算手段和目的，现在价值和未来收益关系的能力，然后通过选择一组特定的行动来评估一个社会中人们的总体满意度。

然而正如罗尔斯（1971：26）所主张的，"正义的功利观的显著特点是，它并不直接强调这些满意的总数是如何在人群中分配的。"[1]因此，以城市改造项目为例，它也无关紧要，根据功利主义的观点，如果一些人失去了家园，只要获得损失赔偿就行了。[2]这意味着，在业主自用住房的情况下，补偿是根据对损失价值的评估而不是替换价值。即使流离失所的租房者没有类似的租住房，对他们的唯一补偿可能还是搬运费。不管其中涉及什么样的情感损失，他们也不会得到赔偿（见富利拉夫，2004）。物理环境的创设会给其他人提供与迁移费用相称的效益，并且为更广泛的民众提供审美愉悦，如果迁移由这样的物理环境的创设而

37

---

[1] 洛和格利森（1999：34）进一步批判功利型个人主义产生的异化。"（人们的）这一观点广泛存在于我们时代的常识中。作为'顾客'或'消费者'的人已经取代了在现代决策的语言中作为'公民'的人的角色。但这一狭隘的观点导致了绝大多数的无助感和疏远感，这是自我强化的。"他们的观点是，占有性个人主义破坏更大多数的认同感。

[2] 虽然在功利主义的框架下运行，但成本效益分析受到帕累托最优选择的约束，即在没有使任何人境况变坏的前提下实现更好。政策分析家通过保证失败者可以获得与他们的损失相当的赔偿来避开这个限制，但在现实生活中，保证往往不能兑现。

引起，那么总体满意度会超过现状。

　　加剧分配问题，只要总的满意度增加，重要的是看物质利益是否到达特定的个人手里（例如，开发商），而公共利益是分散的（例如，经济增长还是一个大联盟球队的出场）。此外，如何通过衡量收益和损失（早期功利主义者语言中的"有用"）来决定纯满意度？当从金钱角度来测量的时候，任何一种现有的利用对象被一个更有价值的对象取代都将获取正的净收益[①]，这实际上是不可避免的。如果是基于主观反应的计算，那么价值上的共识通常是不可能的[②]。

　　尽管罗尔斯的研究并未超出自由契约论的传统，但他通过发展差异性原则避免了功利主义的陷阱。无论在差异性原则与文化多样性、共同的价值观以及历史背景的比较中这种缺陷是怎样的，它令人信服地树立了反对绝大多数人的最大利益计算的观点，这同样是与历史无关的。许多争论都集中在罗尔斯术语中初级产品的意义以及机会均等和条件平等之间的关系上。就我的目的而言，罗尔斯对正义之城的正义观的适用性在于"一个公平的利益分配和劣势的缓解应是公共政策的目标"这一主张。罗尔斯"防止财产和财富过度

---

① 这个异议是由美国最高法院大法官桑德拉·戴·奥康纳在美国著名征用案例凯洛诉新伦敦市案（2005 年 6 月 23 日）中提出的。她在反对观点中声明："没有什么可以阻止国家用丽思卡尔顿酒店代替任何 6 号汽车旅馆，用商场代替任何家庭住宅，或用工厂代替任何的农场。"分析支持体育场馆和会展中心的建设，尽管他们造成了公共财政的净损失，但通常也证明他们是通过创造就业机会和提高城市形象促进了整体福利。

② 在对功利主义的进一步批评中，艾里斯·玛丽恩·杨（2000：101）认为它即便超越了演算的（不良）分配效应，其关于每个人的利益应给予同等的重视，即使一个人有更大的需求的假设也应该受到指责。同样，阿马蒂亚·森（1992：14）评论说，即使允许结果的不平等，功利主义"也对所有人民的公用事业都有同等的重要性……并且……保证了每个人的效用收益得到相同的权重，得到最大限度的运用。"它只有在这个意义上是公正的，因为它没有考虑到一些群体的需要比另一些群体的需要更大（努斯鲍姆，2006）。还有一个隐含的假设，那就是可衡量的、客观的利益存在（见巴尔巴斯 1971 年针对客观利益概念的讨论）。此外，它依赖于普特南（2002）强烈质疑的事实与价值二分法。

集中"的说法意味着一种现实的乌托邦主义——这个预期不是消除物质的不平等而是减少它。因此，根据罗尔斯的逻辑，要客观评价政策措施，就是确保它们让不那么富裕的阶层受益最多。虽然我们可以补充这一点，正如下面将要讨论的那样，额外的非物质价值和政策对经济的影响同时不应该被遗忘。

39

马克思主义的解释

罗尔斯及其追随者对分配的强调打破了马克思式社会主义的基本戒律。马克思一贯认为生产关系，而非分配或再生产关系[1]，是剥削和不平等的来源。因此，在马克思看来，没有重新组织生产是不可能有真正的改变的。他否认采取一种道德立场而是坚持认为历史力量起源于资本主义的矛盾，建立一个有政治觉悟的工人阶级（一个"为己"的阶级）将导致社会转型，并最终根据他或她的需求将物质资料分配给每一个人。

大卫·哈维（1996：331）在他关于马克思和恩格斯对于正义的解释中，首先引用柏拉图在《理想国》中阐述色拉叙马库斯的观点："每一个统治阶级……均把他们自己的利益定义为给予臣民的'权利'。"随后他引用了恩格斯的一句话：

> 正义（表述为法律术语）不过是对现存经济关系的理想化和颂扬罢了……而在日常生活中……像正当、过失、正义和权利意识的表达即使参照社会问题也都被准确无误地一并接受了，它们……在任何有关经济关系的科学调查中创造了同样的无望的困惑，例如，在现代化学中燃素理论的术语是否会被保留。（引自哈维，1996：331）

---

[1] 其中一个反对马克思主义的女权主义观点是，前者将再生产贬值，体现在生育和抚养孩子以及维护人类赖以生存的必要条件上。

虽然哈维（1996：332）同意作为法律范围内的资本主义国家正义体现了统治阶级的利益，但他仍然认为这一术语可以创造一种强大的政治行动的动员力量①。他认为把任何正义的概念当作独立于时间和地点的观点都是错误的，但仍然认为我们可以构造一个尽管没有空间形态却有着乌托邦式理想的社会关系。这样的理想不是通过交际互动实现的——他明确地反对哈贝马斯的理论——而是通过一个阶级结构的转变，这本身就依赖于受剥削者的革命意识。虽然他指的是正义而不是公平，但他的论证可以用来为公平提供正当性。

在区分社会关系和形式时，哈维对比得太明显。在形式上，他指出空想社会主义者为城市建设编排了详尽的计划，在社会关系上，他讲的是"正义的关系理论"（332）不依赖于哲学派生的普遍原则。然而，在时空中考虑情境的关系理论，迄今为止在没有给理想城市设计街道也没有完全放弃超越规范性标准的情况下也给社会关系增加了内容。马克思和恩格斯本身也是矛盾的，恰如诺曼·格拉斯指出，他们经常使用道德的语言谴责资本主义：

> 我捍卫的结论是这样的：马克思的工作，无论它可能是什么，尽管他否认相反意见，但也是按照永恒的正义原则对资本主义社会的一个控诉（在其他的道德价值之中）；也就是说，控诉是鉴于非相关的规范性标准，适用于有利与不利，资源与负担的社会分配。（1992：39）

格拉斯的主张是基于以下逻辑：

> 第一……描述剥削为抢劫，马克思抨击它的正义性。第二，我认同这种说法是鉴于他对以正义的名义对资本主义进

---

① 对正义这个词的使用，哈维指的不仅仅是简单的经济正义，但他把经济关系当作是消除压迫的根本。

行的批判持否定态度。第三，我认为……代表其他的价值观
的评论的核心是对分配正义的关注。（格拉斯，1985：65）

如果一个人像我一样接受格拉斯的解释，那么以罗尔斯为代表
的自由主义传统，以及马克思主义者都会支持使用公平准则作为提
取政策法规的道德基础。马克思提出的问题与是否将分配得公平作
为合适的度量标准关系不大了，而是与由分配而非生产开始的任何
努力，是否能给那些相对不利的生活带来真正的改变关系更大。

在《城市问题》（*Urban Question*）一书中（1977），曼纽
尔·卡斯特认为，在凯恩斯主义福利国家的支持下，工作场所中
的对抗已经转移到城市舞台中央。这里的工人阶级通过国家的税
收和分配获得社会工资形式的部分支持。冲突是围绕着集体消费
的控制权（即国家所提供的），以及控制权的分配展开的，而不
是工作场所的等级和工资水平。按照这个逻辑，一旦地方政府成
为阶级对立的竞技场——以及城市社会运动内部的跨阶级联
盟——生产关系和再生产（或消费）关系的分析区别就消除了。
虽然资本主义经济制度不断产生危机和不平等现象，但国家在能
力范围内可以减轻其影响。动员对资本主义国家，包括城市层面
提出需求，从而会潜在地增加结果的公平。

然而，单单来自自由主义和马克思主义的论据，尚不足以作
为一个正义立场来验证。在后现代主义/后结构主义的时代，左
翼批评家批评自由主义和马克思主义，因为它们均不能确认各自
固有的压迫来源。该措辞的识别性、多样性、多元文化主义、世
界主义以及差异的政治描述了他们批评的出发点。下一节将讨论
自由主义者和马克思主义者将社会上被排斥者称为边缘者的说法
以及经济补救的措施没有考虑到非物质形式的压迫的说法。

识别性/多样性/差异性和后结构主义理论的贡献

后结构主义思想的关注基于群体的差异，这准确地挑战自由派

个人主义和马克思主义者的阶级分析。在使用后结构主义这个词时，我归纳出这些将社会分化看作基于多个基础，包括种族、民族、性别、宗教、文化的方法。作为一个政治方案，它增加了语言自主性的需求和对特殊风俗如节日庆典或交流方式的承认。在对差异性识别的需求方面，它迫切需要结束歧视并承认不良文化的积极方面。

在与阿克塞尔·霍耐特关于再分配或识别的辩论中，南希·弗雷泽（2003）将这两点看作是分析上可分离但也是正义社会的必要组成部分。与家庭，宗教和文化人士相关的个人身份在人类生存环境中是如此根深蒂固，以至于自由主义和马克思主义理论没有考虑它似乎是有悖常情的。马克思期待资本主义和全球化将消除民族和宗派的忠诚，这种期待和实际出入很大；事实上，全球化虽然在某些方面使全世界变得更加相似，但作为对所谓的文化帝国主义反应的结果，也因为现代技术促进学说的传播，全球化也强化了特殊性[1]。

自由原子论

从女性主义和文化自由主义的文化观点以及马克思主义的观点来看，最常见的批评是他们并不关心对"他者"的认可[2]。这个命题由阿克塞尔·霍耐特（2003：114）最强有力地提出，他坚称"即使分配不公也必须被理解为社会不敬的制度表现——或者更好地说，是不合理的认可关系的表现。《正义与差异政治》也许是哲学领域中探讨群体差异的重要性以及自由主义在处理这些问题时的不足的最有影响力的书籍。艾里斯·玛丽恩·杨在书中声明：我相信群体分化既是不可避免的也是现代社会进程中一

---

[1] 见卡斯特（2004）和罗伯逊（1992）。阿亚图拉·霍梅尼能够通过从巴黎寄往伊朗的录音磁带影响伊朗革命。更近的时候，本·拉登已用视频传播他的观点。宗教和所有派别的政治运动都利用网络来传播自己的观点。

[2] 见本哈比（2002：49~81）对起源、意义和对识别概念的反驳的探讨。

个可取的方面。社会正义……不仅需要差异的消除，而且需要促进再生产和尊重无压迫的群体差异的机构"（1990：47）。她认为，一个社会组织是根据身份认同感来界定的，社会关系的自由契约模型仅仅设想了基于共同利益的团体，并没有考虑到由身份认同而产生的团体（杨，1990：44）。在这种概念下，对正义的争论从公平分配转移到"无排斥的社会分化"。对杨来说，从支配下解放在于反对社会同化者模式并主张群体差异的积极意义，群体在其中受自身定义而不是由外部来定义（172）。

通过原子式地看待个人，自由民主理论忽略了人们在阶级、性别、文化和家庭关系上的根源。通过这样做，并将自由放置在价值殿堂的最高点，它没有意识到义务的关系是将人们必要地相互联系在一起，而以文化为基础的对立又使他们相互分离。在南希·希尔施曼（1992：10）对自由主义传统的女权主义批判中，她评论道：

> 坚持人人生而自由平等的主张对政治思想有着重要的贡献……但是，据此得出神权和父权制是非法的是一回事；而另一方面的结论是，每个独立的个人必须由她自己决定她将要承担哪些政治以及其他方面的责任。

希尔施曼认为（共产主义者和保守理论家们都赞同此观点）：义务是必须存在的，并且，以唯意志论为基础的政治理念没有认识到人类生存的道德困境。让－雅克·卢梭是契约理论家，但他并不是英美传统的自由主义者，他没有在《社会契约论》里呼吁自然人应享有的自由。相反，他问什么可以使社会关系合理化。在意识到文明的益处后，卢梭领导了多元文化主义者所采取的立场——人们并不存在于文化之外，并且，将他们从社会关系中剥离是既否认历史又剥夺他们的个人生存安全的行为[①]。

---

① 然而，相对于选择文化多元化，卢梭认为真正的民主只能存在于志同道合的人居住的小社区里。

来自女权主义和多元文化主义的观点认为，对自由主义思想的进一步反对是理性和权利的概念受到从洛克到密尔再到罗尔斯等众多理论家的捍卫，这一概念是基于一个对抗民主的男权主义概念①。有人认为，这套理论自然地使白人男性的观点普遍化，重视争议，并明确规定私人方面的利益：

> 对抗民主的程序，在冲突下有巨大优势使决策变得可能。但该理论在规范性和描述性方面具有弱点。由于对抗民主占据优势，并且它假定双方有自身利益和不可调和的冲突，它并不能满足那些不仅仅关心自身利益而且从以公共利益为名的政策中做选择的公民在协商、综合和变化方面的需求。（曼斯布里奇，1990b：9）

曼斯布里奇的批判代表一个保留自由作为第一原则但重新以利他主义而非自私定义人类本性的自由主义的变体。然而在女权主义的形式里，人际关系的管理标准是培养而非自由（赫尔德，1990）。

因此，以原子论、一致性假设和同化可取的信念为理由，自由主义传统的女权主义者/文化主义者批判谴责它。对马克思主义立场的攻击（和它的各种政治经济的衍生物）扰乱了它的经济主义，这种经济主义以阶级形式描述社会阶层且完全以物质化定义利益。

经济主义

后结构主义的分析确定了涉及逻辑的三个重要问题，这个逻辑是经济不平等涵括各种形式的服从。首先，理论和实证证据都指向了相反的意见。因此，正如齐美尔（1950）所称，即使引进

---

① 批评部分适用于哈贝马斯，其主体间性的概念与这些批评者的观点是一致的，但其强调的理性论述则与他们的观点不符。

社会主义后，人们仍会继续"对依然存在的微小的社会地位差别表达他们完全不可避免的贪婪和嫉妒的情绪，支配和压迫的感觉①。"集团的敌意可能也会持续。一个团体对遭另一个团体迫害的回忆或基于肤色、国籍或宗教而产生的团体优越感，不会仅仅因为经济平等便消失。正因为它真正存在，社会主义证明了废除私有财产不会消除种族和性别对立，甚至可能增加象征性差异的重要性。

而自由主义的政治理论一直寻求使有着不同利益和生活习惯的人们可以保持差异而和平地生活在一起的方法。社会主义思想通常旨在消除差异，因而没有关注治理对立群体的问题②。自由思想家总是容易受到关于他们的机构和程序试图延续和隐瞒不平等的指责。但表明自由民主国家的统治系统对穷人和少数民族有偏见并不意味着更大的公平会由于它们的解散而产生。为个体和平相处寻找途径的自由目标可能包含对无权力人的偏见，但是必须找到一些维持秩序的方法。正如上文齐美尔的引言所表达的，更大的平等并不能根除敌意。当哈维（1992：600）宣称"一个公正的规划和政策实践必须寻求非排他性和非军事化的社会控制形式以包含个人化和制度化暴力水平的不断提高，而不破坏赋权和自我表达的能力"时，他便认识到了这一问题。然而，他仅简单地陈述了问题，却没有提出任何解决方案。

对后结构主义分析的批判

后结构分析在理解正义含义时结合了语境和群体差异，为自由主义和马克思主义理论提供了一个必要的纠正。

---

① 当然，齐美尔预言了后结构主义理论的发展且对社会建构差异的影响并不看好。达伦多夫（1959）同样认为，权力的分层和社会分化是不可避免的。
② 这一尖锐的批评是由马克斯·韦伯（1958）在"政治作为一种使命"一文中对比责任道德和绝对目的道德时提出的。

认同平等对健康的民主社会来说不仅仅是一种合适的模式。否认平等会对那些被剥夺了平等的人造成伤害……投射不好的影像或把不好的影像投到另一个人身上，确实可以让扭曲和压迫达到深入人心的地步。在否定认可也可以是一种压迫的前提下，不仅当代女性主义，而且种族关系和多元性讨论都被加强了……承认差异的要求本身带我们超越了纯粹的程序正义。（泰勒，1991：49~50，52）

尽管如此，后结构主义会导致本质论、无谓的冲突和新形式的压迫，而不会导致相互尊重和由更开明的哲学家规定的过剩压抑的减少。在一些版本里，它几乎没有给来自群体规范的个体差异留下空间①，让人回想起一些 18 世纪自由主义反抗封建暴政的理论根据②。就像在封建社会，社会关系所需的框架是社团的关系而非共同的目的。女权主义中的后结构主义思想倾向和种族文化主义表现采取的是批评其他团体但不做自我批评的态度，这一点非常令人难过（见莫伊，1985）。因此，我们接受通过肤色或国籍判断出被压迫者的特权地位，却无力解决群体中本身受压迫的成员实施的压迫。从在宗教社区中处于从属地位妇女的防卫到黑色的反犹主义再到西方思想家的极端禁锢和传统的东方主义的批评，这样的例子不胜枚举。如果次级文化本身在本质上受压抑，会引起很大的问题。

从经济平均主义的角度看，后结构主义似乎已经放弃了致力于一个公正和平等的工人阶级的社会主义梦想。事实上，它可能

---

① 杨在 1990 年出版的书似乎不太允许人们在他们的群体关系外构建自己的身份，然而，她在《包容与民主》（2000）一书中修正了这一观点。芬彻和艾夫森（2008）虽然把多元性作为计划的核心目标，但主张动摇固定身份的思维模式。

② 路易斯·哈茨（1990：29）在他对政治理论辩证法的精彩分析中评论道："君主制国家的个人处于真正的自主、平等状态的新主张意味着人类可以成功地从他们以前集团的意图中解放出来。从前 [即在封建时代] 集团的联系决定了人的个性；在旧秩序的瓦解中个体将被重新定义。"

会适得其反，因为即使经济低迷可能构成群体控诉，但基于群体而不是阶级属性的经济优势压力会制造分裂①。像杨、弗雷泽和塞拉·本哈比那样的哲学家们旨在扩大正义的概念以适应集团的联系而不忽视经济的不平等。物质公平目标和承认差异性相结合产生了社会包容和排斥的言语。这些言语承认多种形式的压迫而且已成为欧盟语言的一部分。在美国，术语从识别转移到多元性。然而，包容性和多元性是比公平更棘手的概念，因为它们可以在多个维度上产生矛盾，当执行得太过时，就会破坏正义的其他形式。

民主、公平和多元性之间的紧张关系

民主、公平和多元性的目标在现实的政治世界中很难结合。在政治世界中，大多数人都缺乏对后者的观点。通过捍卫强烈的群体识别，同时反对空间排斥，后结构主义支持公开表达的对抗，这不会简单地增加对他人的理解，而是会循环产生敌对行动和报复。即使是在美国这个被称为熔炉的移民国家里，通过民主过渡到理想中宽容、多元性的最终状态也是非常难以实现的。在欧洲，国家的文化更加明确，且根深蒂固，不同文化传统并列而且充满了紧张。北爱尔兰的天主教徒，西班牙巴斯克人和波黑塞族持续的民族统一主义驱散了任何"毗邻必然导致理解"的幻想。

理查德·森尼特（1970：194）想要克服这个问题，通过驳回群体因缺乏应对不同情况的经验而想要隔离他们自己的愿望：

---

① 2009 年美国最高法院案件指向了已造成的紧张局势。因为少数人表现不佳，纽黑文市选择弃用消防员晋升测试的结果。有资格获得晋升的白人消防员凭借他们的考试成绩上诉了。之后，他们在低一级的法院中败诉。最后，在美国最高法院的审理中以 5：4 胜诉。《里奇诉迪斯特法诺案》，美国最高法院，2009 年 6 月 29 日。

"如果城市街区的通透性明显增加，通过区划的变化和跨越舒适种族界限分享权力的需要，我相信工人阶级家庭与和他们不一样的人在一起会更舒适。"他的观点意味着如果有人要求他们体验，48 他们会同意新的安排。然而，为了强迫体验而无视民主的考虑，可能会导致仇恨的不断滋长。森尼特使用南波士顿爱尔兰天主教飞地的例子来证明，因空间隔离而产生憎恨外国人的心理。之后，他写了《无序之用》，书中表明了他对南波士顿的恐惧，实质上显然是因为该地区已成为强烈反对学校种族隔离的核心。这种更近的历史既支持了他关于隔离效果的争论，在某种程度上又暗中削弱了他的有关人们应该被要求去面对他人应该自由的论点。刺激大量白人迁徙，遗留的愠怒妨碍了波士顿学院的真正融合，这在很大程度上证明了法院授权试图打破种族隔离的努力是适得其反的（卢卡斯，1985）。

有关公平和民主政治的争论常被省略，19 世纪反对延长参政权的人担心财产征用会导致不可避免的结果，而现代民主理论家认为更大程度的民主将减少不平等现象："实际上现存的民主国家有增强社会经济不平等和政治不平等的循环趋势……打破该循环的一个手段……是扩大民主的包容性"（杨，2000：17；见珀塞尔，2008）。

这个理论演变成一个具有协商性的而非聚集形式的民主理论（如果是公民直接参与而不是在定期的选举中通过少数服从多数原则来制定政策），这反映了一种观念，此外还有逐渐增强的不平等性，过分的民主往往会导致谣言散布、沙文主义和对少数人权利的践踏。不幸的是，支持杨的观点即扩大民主的包容性将打破不平等的恶性循环的说法似乎过于乐观，因为更大的包容性和更公正社会的承诺之间没有必然的联系。

城市民粹主义

虽然公平导向的、后结构主义的支持者们勉强战胜多数派的反对从而实现了他们的目标，迫使他们宣称各种虚假和不成熟的观念，城市民粹主义开始受到欢迎。民粹主义者要求更多的民主使之包含相互交织，但有时又彼此分开的观点。第一个观点包含一个朝向民主经济的推力，其主要的目的是打倒财阀精英。用托德·万斯特洛姆的话来说，"城市民粹主义所提供的政治分析本质上是精英论的街头版本：一个封闭的来自上层经济阶层的小精英，利用其控制的财富操纵政府以达到私人的目的"（1985：129）。历史上这种现象在19世纪美国的民粹主义构成的城市和农村中占主导地位，并中伤了银行家和作为"强盗贵族"的实业家们。在欧洲，它在最近英国和法国的抵抗税收运动中表现出来。

第二个观点是文化主义的，它体现在赫伯特·甘斯的著作中，他攻击那些偏离大众品味的规划者们的设计："规划者拥护适合中上阶层倾向的政策，而非其他阶层人的喜好"（甘斯，1968：21）。他贬低简·雅各布斯对于多元性的赞颂以及受空间条件制约的安排是实现多元性这一目标的重要决定性因素的论点。在一个同样适用于针对森尼特、克里斯汀·博耶和迈克尔·索金著作的批评中，他认为：

> （雅各布斯的）论点是建立在三个基本假设上的：人们渴望多元性，多元性是城市生存的根本，而缺乏多元性将使城市死去，建筑物、街道，以及在此基础上的规划原则塑造人类行为……中产阶级人士，尤其是那些养育孩子的，不想成为工人阶级——或者甚至是——波西米亚人的邻居，他们并不想要波士顿北区的明显活力，而是想要能保护隐私的、安静的、少邻居、带电梯的公寓住宅。（甘斯，1968：28~29）

甘斯的指责源于雅各布和不断发展的后结构主义试图强加于人的不民主的波西米亚倾向。

其他作者同样强调了规划者和知识分子的精英统治，指出他们漠视传统的隶属关系和普通百姓的愿望。哈利·波伊特

（1980，第一章）在致力于追求多元性和经济平等目标的同时，也攻击马克思主义没有认可宗教、家庭和种族对人的安全和福祉的贡献。彼德·桑德斯因英国人没能成功了解普通人对于购房合同的欲望而愤怒，以民主名义为玛格丽特·撒切尔的"购买权"项目辩护道："不管是社会主义、资本主义还是资本主义以前的社会，如此强烈的个人所有制形式都几乎可被认定会对个人产生重要的心理作用。"（桑德斯，1984：219）。

甘斯、波伊特和桑德斯虽然看似很容易通过支持多数派的努力来抑制不正常的少数人，但他们明确地指出他们的民粹主义形式尊重少数人。因此，甘斯（1973：139）要求规划者尊重大众口味的同时，还提出了响应少数人需求的"一个更加公平的民主"。波伊特（1980：38~39）宣称，"民主反叛需要……对文化自由的重要衡量，意味着对占主导地位的个人主义、权利主义模式的隔离以及对实验和多样性的公开面对。"桑德斯（1984：223）要求"个人财产所有权的统一的社会主义理论"的发展，那将废除剥削关系。

这些作者无法在努力保护少数人权利的过程中面对真正折磨民主理论的矛盾。他们歌颂邻域一致性、公民能动主义、宗教、家族、民族关系以及在民主甚至平等名义下的家庭，但他们的观点很容易导致强烈狭隘的、排外的政治，强化不公平，排斥少数民族。如果民主参与是存在于城市民粹主义反精英主义倾向下的主要价值，怎么可能批判美国的房主运动和欧洲的以社区为基础的反移民动员造成的不公正呢？社会理论家由"群众的反叛"预见到"文明价值的破坏性"，这在历史上有数不清的佐证（奥尔特加·加塞特，1932）①。

---

① 从尼古拉·马基雅维利到维尔弗雷多·帕累托、葛塔诺·莫斯卡，从战前时期的罗伯特·米歇尔斯到伯纳德·贝雷尔森还有战后其他的投票行为分析家，他们都有一套精英政治理论。这些人把社会精英统治看作即使在民主国家也是不可避免的。至于这是否能在道德上被接受，他们的看法各不相同。

那些担心由多数规则引发不宽容的民主派的追索权是一种权利的理论。正如美国宪法和联合国人权宣言的前十条修正案所体现的，这样的理论通过给人们不可剥夺的权利来保护他们。个体权利的赋予来源于自然法则观念，并为将超越性的道德灌注进民主理念会限制民主进程结果这一问题提供合理的解决办法。如果没有这种追索，少数人的权利一定会由信仰证明，无论是在原来的位置还是理想的演讲情境中，通过协商会达成对容忍的一致认同。

实际上，顾名思义，一种包含多个不同文化团体的社会将产生一种基于联盟的政治概念。当然，这是自由多元主义的标准看法，在这种背景下是完全可取的。然而，从左翼的角度来看，这样的方法是有问题的。在排斥和压迫被确定为当时的资本主义民主的社会特征的地方，在对社会解放的期望逐渐取决于除了对立几乎很少共享其他东西的外围集团那里，对立达到这种程度，即社会等级和对其他政治势力的期望是不可靠的[1]。即便是对这种联盟的成分的鉴定也是困难的。当哈维（1992：599）试图针对后结构主义的论证设计一个程序时，他宣称，"公平规划和政策措施必须授予被压迫者权力而不是剥夺他们。"但被压迫者是由谁决定的？没有一个普遍性的话语，压迫是在旁观者的眼中。美国中产阶级的许多成员都会接受哈维的名言，但自认为受福利欺诈和高税收压迫，而同样，欧洲的中产阶级认为移民代表了一种类似的征税，在多元化的框架内对被压迫群体的识别真不是一件简单的事情。

---

[1] 罗伯特·普特南（2007：150~51）在广泛调查美国人态度的基础上，得出结论认为，从短期来看，"多元性社区的居民倾向于从集体生活中退出，不信任他们的邻居，无论他们的皮肤是什么颜色，甚至从亲密的朋友身边退出，把他们的社区和领导想得很坏，参与志愿者工作较少，为慈善事业捐款少，不经常为社区项目工作，登记投票少，经常煽动社会变革，但对他们能否真正发挥作用信心不足，挤在电视机前心情烦闷地看电视……多元性，至少在短期内，似乎要颠覆我们所有的人。"

权衡与矛盾

任何试图使公平、民主和多元性的价值同时最大化的努力均会带来协调多重含义和相互冲突的议程，以及确定一个统一的社会力量来敦促它们等这些让人烦恼的问题。我的讨论至今甚至还没有涉及与环境问题相关的公平问题，这些公平问题会与在这里讨论的其他价值问题相关：

> 把社会正义看作是努力在整个城市和国家的空间内的社会群体中实现更加平等的资源分配，这被看作[是]公平分配……环保运动从两方面为"公平"拓展空间：（1）代间（当代对后世）和（2）跨物种…然而由于没有来自未来或其他物种的人可以为他们资源中的"合理份额"辩护，公平的两个附加方面基本上仍作为概念存在。
>
> 这种包括子孙后代和其他物种的社会空间的公平扩张，不仅使这个概念更加复杂而且也创造了在"公平"的不同需要中产生矛盾的可能性。放缓的全球产业扩张可以为未来保存更多的全球资源（从而增加了代际公平），但它也可能会破坏不发达世界接近西方生活标准的努力（从而降低国际公平）。（S. 坎贝尔，2003：445）

环境政策的舞台上引出了特别困难的公平和民主的问题。因此，马尔滕·哈耶尔（1995）通过开放和与生态问题紧密相关的话语重构来揭露有害的做法和激进的手段，从而实现环境质量方面的进步。但是，正如他自己所说的那样，在美国，引入更开放和参与性更强的程序主要会产生象征性的结果（1995：284）。哈耶尔关心公平问题，他觉察到工业污染与公众之间的对立，但他避免谈论公众本身的不同利益与谁应该以环境保护的名义牺牲目前的机会——谁应该以环境保护的名义关闭污染严重的工厂，没有住房，承受失业痛苦之间有关联的公众自身的不同利益。

环境正义运动解决了公平与对环境有害的设施场所之间存在的紧张关系。但是，运动的目标却是保证无法预期的用途得到公平分配，以及就业增长得到刺激，而不是争取辈分间的公平或种族间公平。确实，呼吁环境保护的团体常常以这个目标为理由来使排斥性政策合理化。同时，平衡关系毫无疑问存在于当今消费与未来的经济状况之间。与其他很多领域相同，在环保政策里，反对的最高效方法就是投资那些主要使有钱人获利的项目——也就是将土地从潜在可开发领域移走，抬高现有住房用地价格的项目，或者补贴促进中产阶级化的、新的更高密度的城市中心建设项目。

环境因此构成了另一个定义公平的更为复杂的因素。这还将在稍后的关于实际计划的个案研究中再次提到。然而，它并不是我讨论的首要焦点。要点在下一章，我要研究在城市转型中出现的公平、民主与多样性问题。本章的剩余部分将要说明使正义在城市管理中奏效的众多哲学策略中最有成效的能力方法。

能力方法

我认为正义的基本元素是民主、公平与多元性。但却找不到一个统一的方法来解决它们之间与各自内在价值的矛盾。然而，我们可以把它们当作广泛使用的规范并尝试在特定情况下适当地阐述出来。能力方法最早由阿玛蒂亚·森（1992，1999）概述，并由玛莎·努斯鲍姆（2000）加以完善。这种方法为设计可管理城市政策的规则和为城市运动提供内容建立了一个渠道[1]。努斯鲍姆超越了森的笼统的、开放式的对能力的概述，并列出了具体明确的内容；森（1999：47）虽然表面暗示"对那样解释的人没

---

[1] 在本书第六章有我对规则的阐述。

有什么反对意见"，却因这样的罗列太过具体而予以排斥。在我看来，努斯鲍姆具体的细致分类才是最有帮助的。

54　　　在对个人发展和非历史性的强调上，能力方法可被视为是自由主义的延伸。就像自由主义那样，能力方法建立在一系列标准假设，而非像马克思那样的历史辩证主义的分析上。尽管如此，这种方法对集体认同和情感关系的关注是建立在自由主义概念上的。换句话说，它把个人置于一个有明确隶属关系的网络中，而非把个人视为可自由影响自己的生活并实现自己偏好的个体。因此，在它的社会逻辑理解方面，这种方法否认了管理可以凭空产生。

　　这些能力并不描述人们如何发挥作用，而是描述人们在适当时机下会如何反应。一个人可自由选择是否去锻炼他的能力（比如一个人选择遵循禁欲主义）。但时机是时刻存在的，包括对这些能力的价值认知的时机。根据这个道理，每个人应该被视为一个终端，而这里存在一个临界值，当处在这个临界值以下时，人是无法正常反应的。努斯鲍姆（2000）提出能力是无法相互弥补的。她从诸事物中罗列出生命、健康、身体完整性、教育机会、对个人政治或物质环境的掌控等作为必要的能力。用公共的伦理观而不是用个人伦理观来说，能力方法帮助城市公民避免了为经济收入而牺牲生活质量。例如，一些渴求经济基础的社区因此不会因缺乏其他的生产企业而接受有毒的废物回收站点。而支持在污染管控方面建立市场体系的保守经济学家们则将这样的权衡视为理性的、可取的。

　　能力方法可以被有效地应用到城市的机构与项目中。评判的标准将基于他们的构思是否与民主规范一致（虽然也不一定由协商和深度民主的条条框框所指导）、他们均分的成果是否增强了相对弱势群体的能力，以及群体之间是否取得了对彼此的认可。在森对功利主义的抨击中（1999，第三章），他反对那些被成本效益核算使用的、典型的用来在大部分城市中为城市货币项目做

辩护的分析。这些分析倾向于夸大收入、低估成本，并依赖于总
体结果，忽略分配的结果①。一种更敏感的分析质疑：是谁在获 55
益？又是谁在评估人口中的不同群体获得的成果？于是，应用由
能力方法充实的不同原则，我们将超越初级商品，转而选择对弱
势群体更有利，或者至少对他们造成最少损害的方法。然而，对
弱势群体的定义却是主观的，并总是根据不同的社会群体关系进
行分类。但我们确切知道的是，那些最缺乏政治和经济权力的群
体和最不受尊重的大多数人，最不可能在协商中被考虑或在结果
中占优势。在评估政策时忽略技术上的效率而支持正义才会使弱
势群体获益。 56

---

① 见傅以斌，布鲁塞柳斯和罗森加特，2003；阿特舒勒和鲁勃罗夫，2003。

第二章

正义和城市转型：背景中的规划

　　大多数规划理论都在规划的过程或者规划者的角色上大费口舌，而没有分析社会空间对规划者的限制或者研究对象——城市空间——对规划者的影响。这样狭隘的着眼点导致背景和结果的分离过程中出现理论的缺陷。因此，在我看来，规划理论需要回答以下几个问题：（1）城市的发展历史和规划活动有什么联系？换句话说，推动或者限制一个正义城市规划设计的背景条件是什么？（2）城市的规划设计如何影响城市的使用者，包括居民、邻近往来的上班族和游客①？（3）应该采用什么原则来指导规划方向，规划内容和规划的实施？尽管对这些问题的回答需要对规划者的角色和策略进行考察，但他们也需要发掘能使规划者发挥作用的人群与一个能使理想城市与正义产生联系的方针。本章及接下来的三章将考察一些在规划实践中发现的广泛话题，并在与打造更加正义的城市有关的困境中分析它们，以此来研究城市发展背景与城市政策的评估。本书第六章回答了关于正义城市规划的

---

① 吉多·马丁诺蒂（1999）认为，随着旅行的增加，城市接纳了数量巨大的过往旅客（"使用者"）。他们的合法性常常受到来自对城市空间商品化持批判态度的批评家们的挑战。然而，游客和来往上班族是现代城市发展的重要元素，并构成了人口的一大部分；因此，在设计一个城市走向正义的方针时，也需要把他们考虑进来。

第三个问题。讨论并未延伸到讨论一个好的城市的概念。正义只是一个好的城市的一部分，但它是这本书的关注所在，因此这里只能把它限制于在富裕国家实现更大正义的逻辑方法中。分析仅限于之前提到过的城市正义的原则性成分——公平、多元性和民主之间的联系。因此，在研究这些问题时我没有考虑诸如好城市的形式或者环境可持续性等其他因素——那些因素将在更广泛的调查中被囊括进来。

城市规划的传统

规划发展的原动力在于对工业城市的批评以及在开放设计原则下对重造城市的渴望。无论焦点是在于像埃比尼泽·霍华德城市花园模式那样的绿化景点，还是在于像乔治·尤金·豪斯曼的巴黎和丹尼尔·伯纳姆的美丽城市那样重新发展现有的城市，规划本身就致力于打造一个富有吸引力的事物。早期的规划者在规划中很少反思理想城市的规划过程。而其核心的理论争论关注一个优秀城市的本质，而不是一个城市如何获得理想或方法来达到目的。规划的作用被普遍认为是在现有的城市地形上施加一个既定的清晰的发展套路；做必要决定的方法是避免产生问题。当然，好的规划应该由具有研究能力与丰富经验的、会使规划朝着公众喜爱方向发展的专家来指导。除帕特里克·格迪斯呼吁"先调查再规划"外，很少有人把注意力放在方法论上，规划的结果被表现在一个物理设计中（霍尔，2002：355～56）。公众的喜好构成了规划的道德基础，但规划的内容是普遍认定而非分析所得，亦即规划的实现一定要使全体受益。

需要确认的是，在20世纪早期，曾有人像美国改革论者那样，尝试去除政府的偏见和腐败，并成功施压以成立独立规划的委员会，欧洲的政府则把规划融入精英官僚体制。这些举措是分离公共政策决心与政治影响动力的一部分，认为政治与管理之间

58

有明确界限的看法和相信专家会因私利制定隔离政策的观点是有其依据的。在这里，如下面所讨论的，在后来的理论家当中，普遍认为良好的政策内容理应是良好程序的结果并且不需要预先进行分析。后来，这段时期的历史解构显示出了技术官僚和他们的商业支持者的偏见，可见隔离决策的制定和所谓的精英选拔制度的程序符合上层阶级和中产阶级的利益①。

针对规划者的方法做出规定的明确理论是从 1935 年卡尔·曼海姆的《意识形态与乌托邦》出版后而开始发展的②。它通过描述一种民主规划程序而为后来的理论奠定了哲学基础，这种程序能使专家通过选出的代表在公众的指导下进行规划。受到自由主义改革派观念的启发，曼海姆的目标不仅限于城市规划，他还设想到了民族国家在经济和社会规划中的参与。他坚称，如果规划机构受国会的控制支配，那么它可以在不侵犯自由的情况下将技术专业知识用于解决社会问题：

> 新的官僚机构给人类事务带来了一种新的客观事实。一些官僚程序有助于抵消资助、裙带关系和个人统治发展的原始倾向。在有利的情况下，这种向着客观事实发展的趋势可能会变得很强大，以至于阶级意识的元素几乎可以被正义和公正的愿望完全取代。而这些元素依然存在于主要从统治阶级中选出的成员组成的官僚机构中。（曼海姆，1940：323）③

由于对公正专业技能的作用和规划目标立法控制的赞成，曼海姆为战后时期被学术界规划者接受的发展方向奠定了基础：

---

① 例如，参见海斯（1995）和 S. 科恩（1964）关于美国进步时期的讨论和克罗泽（1964）关于欧洲公共官僚机构影响的讨论。
② 这本书写于德国，出版于荷兰。英文版本在 1940 年面世并且由作者进行了大幅的修订和扩充。
③ 波兰尼（1944）同样坚称，自由不应受国家计划的限制，就像弗里德里希·哈耶克那样的极端自由主义者所抗争的那样，而需要规划。

　　这一学科［关于实体规划］从一种技艺变化……转变为
一种明显的科学活动。大量精确信息存在其中，这些信息获
取并加工的方式可以使规划者设计出非常灵敏的指示和控制
系统……这种新的概念被设计为一种流程，而不是从前的总
体规划或者达成从一开始就假设目标确定的蓝图……并且这
种设计流程不依赖于被设计的事物。（霍尔，2002：360～
62）

芝加哥大学和宾夕法尼亚大学的理论家和追随者们，把城市规划
从仅仅是一门设计专业转变为一门社会科学并因此闻名，他们展
示了用来测试政治候选者的理性模型和方法。（萨比伯，1983；
霍尔，2002：359～63）他们具体化了这一论题：一般的目标在
民主政治程序中可能被提前明确规定，并且达到这些目标的方式
的构想和实现这些方式的过程，可能被某些特定的公正官员进行
公正的引导。（德罗尔，1968；法路迪，1973）民主构成了这种
策略中有价值的内容。大概通过民主方式获得的目标先天具有公
平合理性，并且实现这些结果的方式可以被科学地发现。

　　除了合理性外，规划者对于影响的断言越来越多地依附在一
种综合性的观点上——通过把行政区、城市或者邻近区域看作一
个整体，他们可以使不同的城市发展要素相协调：土地利用、交
通、生产设备等等，否则这只是分离的无关联的官僚体制的领域
（AIP，1959）。使用现代的统计和经济分析工具，专家可以估量
不同的因替代政策形成的子系统之间的相互作用，然后评估每一
种发展计划可以实现指定目标的最大程度。

　　然而讽刺的是，实现一般优先权的协议，然后运用理性模型
表达规划专业知识的观点完全忽视了曼海姆在他自己的社会学知
识文章中展现的对实证主义的毁灭性攻击。在这里，在一个明显 60
的对后现代主义/后结构主义批判的伏笔中，他说道：

　　对于［一场讨论中的］每一个参与者，［谈话］的"主

题对象"或多或少会有不同的意义，因为它是来自各自完整的参照框架，因此其他人对于主体对象意义的观点存留了下来，至少是一部分模糊不清的东西……［这种方法］在一种讨论中并没有正确或者错误的标准。然而它坚持认为：它存在于并不能被完全规划的某些天然的主张中，但只是从一个给定情况下的角度来看。利益和对不同观点的感知能力是由他们所处的以及与他们相关的社会环境所决定的。（曼海姆，1936：281、283、284）

对于城市规划，曼海姆对于普遍主义的抨击抛弃了价值中立以及公平方法论的观念，他否定了预测者能够假设过去的经验会在新的历史背景下简单地自我重复。因此，定量的成本效益分析在理性模型中被用来权衡多种选择，作为使用的根据，这个假设是有破坏性的。此外，众多选择中的某个单一选择通常会被证明是有利的，而非创造成功者和失败者，这个观念也变得疑问重重。曼海姆提出了理性和比较分析的应用，而不是某种正式的理性方法论。这种方式必定是充满价值的，但也需要多种形式的知识，而不仅仅是通过科学训练而获得的专业知识。曼海姆的论点明显是哈贝马斯理性学说的前身。然而曼海姆与同时代的交际理论家们不同，他希望一个受过教育的精英可以在他对于理性反思的灵活定义下工作，并为社会大众进行规划工作。他的观点可以在安东尼·吉登斯的作品中找到最近的共鸣。在针对人们乐意相信专业言论的现象的解释，以及针对自反性（知识圈通过这个来进出社会）的描述中，吉登斯都陈述了一种获得知识的路径，这种路径既不是相对主义，也不是实证主义，而是如他自己所说的"关联主义"（或者可以说是"辩证法"）。

正如第一章所讨论的，作为理性模式应用的基础，相信事实和价值可以分开的想法受到了强烈的抨击。全面性的理想也将承受不少批评，因此艾伦·阿特舒勒（1965）指出，全面性要求规划者对城市中所有的多重利益进行分类，使其成为一组目标并拥有寻找实现这些目标的方法的技术能力。但他怀疑他们不具备这种能力，而查尔斯·林德布罗姆（1959）的作品与赫伯特·西蒙这样的管理理论家的怀疑态度相呼应，认为理性和全面性的愿望是不切实际和不受欢迎的。基于"得过且过"的战略，他将实际规划和决策过程视作增量。恰如在他自相矛盾的课题"'蒙混过关'的科学"中反映的那种，他宣称"党派互相调整"这种谨慎的方法比理性模式中理想化的提纲规划方法更能有效地达到理想的结果。

在20世纪60年代和70年代，理论家们强化了曾经质疑过规划的合理性和综合性的知识思潮，这些理论家们把无私利的假设看成是房地产开发商和上层阶级集团的权力面具①。为了应对时代的社会动荡，一个持不同政见，但影响很大的行业内运动迫使规划者和城市政策的制定者越来越关注决策对政治能力缺失的影响，尤其是那些公开展示的高速公路和市区重建项目（霍夫曼，1989）。这些思想家将基本的道德论证转移到解决因贫穷和种族歧视而导致的弱势问题，而非制定一个所谓的能将公众利益最大化的计划。

这些规划批评者们在规划行动的因果方面的批评是一致的，但是由于资本的力量，不同的计划会引起理想效果的变化。其中一组在一个新马克思主义式的操作中，强调了系统的结构基础，基本上认为对私有财产制度的彻底改造之后会产生公平的规划②。当然，这个结论被证明是令先进的规划者非常沮丧的，到那时，先进的规划者也会为社区组织，而不是纯粹为城市政府和商业团

---

① 其中最有影响的是赫伯特·甘斯（1968），他揭示了规划中支持者的社会阶级组成和城市重建过程中的毁坏。大卫·哈维（1978）认为"意识形态的规划"仅仅对于开发商阶级的利益具有合理化。曼纽尔·卡斯特（1977）将环境保护视作有助于保护上层阶级的特权。

② 参见卡斯特（1977）；哈洛（1977）；哈维（1978）；福格尔桑（1986）。

体工作①。应对这种似乎要陷入僵局的情况就是要绘制发展方向，事实上，规划可以借助它实现更公平的结果②。更注重实践的尝试呈现出了示范性的政策，但没有描述和证明其潜在的价值立场或深入探测可以产生预期效果的战略和条件③。

如今获得大力发展的中层理论把规划实践嵌入一个更大的后实证的理论框架中，比单纯的技术方法更符合曼海姆的关系策略（费希尔，2003）④。我在这里用"中层"这个词，因为尽管有些作品延伸到国家政治和经济发展的各个阶段，但重点仍是规范西方大都市在新千年之初的民主管理政策。换句话说，这些论证不是全球层面的概括。因此，如引言中所说，正义的广义概念有一个普遍的共鸣，其具体内容在地点和时间上受到限制，而不是在整个历史时期适用于所有城市。本章的剩余部分将基于民主、多元性和公平这三项作为形成规划和政策的道德基础的原则，探索一些对正义城市概念化非常重要的议题领域。

民　主

呼吁在城市官僚机构内进行民主决策管理是在两个观念的影响下于 20 世纪 60 年代和 70 年代兴起的："街头官员"，包括规

63

---

① 见费恩斯坦和费恩斯坦（1979）；霍尔（2002），第十章；布鲁克斯（2002）。

② 见克拉维尔（1986）；克鲁姆霍尔茨和福雷斯特（1990）；迈尔和阿尔珀恩（1993）；哈特曼（2002）。许多交际规划理论家（如约翰·福雷斯特、朱迪斯·英尼斯、帕奇·希利、杰姆斯·思罗格莫顿）用实际案例作为理论基础，先进的规划者可以就有分歧的问题增进协商。但是，除了规划者与其他利益相关者的互动模式外，他们不用提供政策处方。

③ 费恩斯坦（1999）与萨耶尔和斯托珀（1997）就大多数左翼城市政策作品的失败进行评论，明确指出他们分析下这些作品的价值。

④ 这曾是交际理性讨论的情况，但因为概念适用于参与，也越来越成为正义城市的考虑对象。（珀塞尔，2008；德菲利皮斯，2004），公共空间（科恩，2004；米切尔，2003），基础设施（弗莱伍布哲格 1998），环境（罗欧和格里森，1998），旅游（汉尼根，1998；法因斯坦和格莱斯顿，1999）。

划者和社会福利工作人员做出了影响城镇居民的决定而没有考虑
到居民的知识、观点和利益（利普斯基，1980），且公共机构的
工作人员来自于与居民截然不同的社会阶层。在美国，后者的观
点导致了"内部殖民主义"，尤其是白色人种在黑人社区工作的
情况（布劳纳，1969）。公民参与是为了克服由于缺乏响应和同
情的失败而导致的不公，并且通过促进民主来实现自己权利的
价值①。

　　雪莉·阿恩斯坦开发的"公民参与的阶梯"，在文章中仍然
经常被引用。她认为弱势群体在制定和执行政策中的作用越强，
再分配的效果将越好："简而言之，这是他们［'贫穷的公民'］
通过诱导显著的社会改革，使他们自己分享富裕的社会财富的方
法（阿恩斯坦，1969：216）"。阿恩斯坦（224）承认，少数社区
需求控制不统一，而且存在理由充分的针对社会力量的批评：它
能鼓励分裂主义、效率低下和投机主义。然而，她的结论是，没
有决策权力的重新分配，就不会有利益的再分配。这符合阿恩斯
坦的说法，社区团体要求的权力，建立在只有通过获得控制政策
才能确保政府行为有利于当地居民的基础上。因此，在 20 世纪
60 年代和 70 年代，"社会控制"成为城市活动的中心目标。

　　但是，后来高度动员的抗议活动在欧洲和美国逐渐消失，这
使公民参与的压力减少。需要社区参与的项目，如在美国的模范
城市项目和在英国的社区发展项目消失了，而企业和政府之间的
公私合作伙伴关系蓬勃发展②。在美国，已被转移到街道办事处
并主张代表社区团体的规划者也失去了他们的工作（内德勒曼和
内德勒曼，1974）。尽管一些城市继续尝试着各种形式的公民赋

---

①　参见阿特舒勒（1970）提供的概述。

②　弗里登和卡普兰（1975）描述和评价了示范城市方案；玛瑞斯（1987）分析
　　了社区发展项目。切卡雷利（1982）与费恩斯坦和赫斯特（1995）追踪城市
　　政治运动的崛起和衰落。迈耶（2003）展示了在新自由主义方法下激进分子
　　被参与机构增选的途径。

权，但规划项目主要还是由美国市政厅掌控。在英国，公民要求参与多种合作伙伴关系项目的呼吁激增，但不清楚这对社会团体的实际影响有多少。在欧洲大陆，形势也有实质变化，例如，在阿姆斯特丹，出现了相当多的地方协商，而巴黎自上而下的传统一直被延续。最强大的公民实际决定预算支出的模式，直到最近才变得非常罕见①。

有这样的一个例子，明尼阿波利斯有个邻里振兴计划（NRP），在那里，资本预算资金被分配给属于一个 20 年规划项目的社区组织，这展现了公民参与模式的优点与弱点。根据这一方案，现有的社会团体需要更加广泛地包容他们的邻里，通过一系列的会议，制定一个社区计划。经过十多年的经营，该方案的一个广泛的评估结论是，它在实现邻里复兴的主要目标上相当成功。毫不奇怪，从引发的广泛参与和获得的结果来看，它的成效在邻里之间各不相同。一方面，在关系到与我们有关的关键问题上——公正成果的创造——评估人员发现，虽然较富裕的家庭往往更趋向于主导协商，但是一些富裕的社区也支持低收入租赁住房的建设。另一方面，作者们也承认，在回应对低收入人群不敏感不关心的社会群体的指责批评时，特别是关于经济适用房，"邻里振兴计划并没有从根本上解决关于公平和正义活动的当务之急"（法格图和冯，2005：60）。但是他们认为，项目工作人员更加积极地干预，可能使参与者更加关注公平。

邻里振兴计划的实例指出两个结论。首先，公民协商的公正结果是不可预测的，有可能根据活动参与者的具体价值观而有所不同。其次，规划者会影响协商的性质并且运动的参与者对于正义的结果承担着更大的义务。在明尼阿波利斯，规划部门工作人

65

---

① 频繁被引用的参与式预算编制实例往往被作为一种模式，就像巴西的阿雷格里港那种。据估计，到 2008 年，一百个欧洲城市已经接受了这个观点；它们的评估结论是，只有少数人真正授权给参与者；在这些案例中，体制变革是伴随着"社会动员"的。（辛特莫，赫茨伯格和拉克，2008：175）

员往往扮演着被动的角色，被他们的信仰所抑制，即民主计划排除他们的主动性并塑造人们的观点（费恩斯坦和赫斯特，1995）。其标准位置依托于民主协商作为管理价值的首要地位。民主实践和公平结果之间紧张关系的产生，是因为公民参与者通常希望业主利益高于租房者利益的政策。一般来说，中产阶级房主比低收入的租房者更有可能参与进来，并且行动起来也更为有效。

公民参与官僚决策的最初需求源于低收入群体想要更多的利益。然而，随着时间的流逝，参与机制主要成为中产阶层获取利益的工具。因此，他们代表了对实施民主规划过程的向往，但通常不会涉及再分配，他们总是提出合作的威胁。因为参与组织的地区聚集的只是有限人的共同利益。此外，居委会积极分子绝不只是社区中的一小部分，因此，他们意见的合法性始终被怀疑。有时，他们会真实地反映广大选民的意愿，但他们也有可能成为一个不欢迎外人的狭窄集团，并且首要服务自己的个人欲望。

通常，邻里参与机构的成果仅限于已经存在的发展计划，小规模的改进项目，阻止资金削减，以及象征性的承认修改。它们可以作为个人针对全市范围内政治权力的跳板，但成功的居委会经常在上任后调整他们的隶属关系。范围内的事项，如果参与者不是在广泛动员的支持下，他们不可能承受如此重的负担。此外，在城市遭受资本投资被撤出的痛苦时，居委会的参与者不会像市长那样有能力扭转局面，往往遵从只有通过补贴来吸引任何可能发生的投资的逻辑。正处在发展压力下的城市，他们可能会得到社区空间、社会服务和保障性住房方面的优惠；他们有阻止中产阶级化的能力，但由于缺少对私人市场活动的控制，他们阻止中产阶级化的能力会被限制。

一般我们说制度化的公民参与，是通过提供当地的知识（科伯恩，2005）来增加提供给决策者的信息；它使决策更民主，更开放，但不一定更公平；它可能会导致狭隘和腐败，但在这方面也未必比任何传统的治理模式更危险。它鲜有变革，但它确实像

66

老式的政治机器那样，为领导技能提供了培训场并为向上层的政治流动提供了一条路径。

多元性

多元性一词的使用指明城市正义的三大标准之一是有问题的。除了多元性和下面将要讨论的其他含义之间的紧张关系，多元性的要求可能被质疑为简单的战略，而不是与自身密切相关的正义。于是，克里斯·哈姆内特认为：

> 多元性一直被伦敦市长肯·利文斯顿和其他人推为是自身权利中一种积极的品质，但我觉得这是可疑的，这是一个简单的为了描绘伦敦的多元性，并因此赋予城市文化更丰富内涵的策略。我认为宽容是一个更好的准则，因为它体现了隐含的正面特质，具有差异的群体或被接受或被平等评价或者被视为具有存在和获得资源的权利。这可能适用于无家可归者或其他团体，而不是简单的不同民族的宽容①。

我接受他的观点，并可能使用专业术语如"认可"或"向他人开放"——他提出的"宽容"一词暗含着某种屈尊俯就的特性。但是，多元性是一个方便的速记，包括物理环境的参照，以及社会关系，也指超越鼓励接受他人，包括地方社会组成的政策野心。

彼得·马库塞也质疑多元性是否具有超越其自身政治效用的卓越价值：

> 多元性只对在野党有价值，而非执政党。经典案例是今天［美国］的教育。我们需要的是对黑人的良好教育。隔离

---

① 个人通讯，2009 年 6 月 4 日

67

是不平等的，因为他们被隔离在独立的院校里。因此，我们要带他们像白人一样进入同一所学校，这样他们才会受到公平对待。但是，我们不能说，鉴于目前最高法院［关于积极行动和限额］的［决定］。因此，我们认为，我们需要多元性，并且［每个人都会因接触他人而受益］。这是对公平的一个委婉说法。我们不希望唐纳德·特朗普住在……贫民窟；我们想要贫民窟的居民有机会住在任何他们想要住的地方。如果他们生活在一个伟大的工人阶级社区，为什么我们还希望中产阶层的人也住在那呢①？

因此，马库塞与那些人不同，后者认为一个多元性社会在本质上更接近于同质的社会；相反，他认为这只是争取平等的手段。

马库塞的说法很难被反驳，因为当平等获得特权是其真正含义时，这个源于美国的术语经常得到很好的应用。在欧洲，社会包容性具有一个相似的起作用的品质。我的回答是，多元性比公平的价值要小；然而，在巨大的空间流动和随之而来的异质性的时代中，由于世界各地的移民流入城市，在大都市范围内，多元性成为一种必要的美德。同时，这并不总是在小区域的范围内才有的情况。如第一章所讨论的，艾里斯·玛丽恩·杨制定的相对单一、带有可渗透边界的社区方案，而不是在各选区按比例制定的方案，才是一个可以接受的完美规划。

当被城市规划者使用时，多元性这个词就有了多种含义。在城市设计者当中它指混合建筑类型；在规划者当中它可能意味着混合用途或类别；在房地产开发或公共空间当中意味着种族歧视；对于社会学家和文化分析家而言，它主要呈现后者的意义。20 世纪 60 年代自然和社会的异质性的倡导构成了反对功能区划和同质化的异议声音。简·雅各布斯的规划理论是其中最具影响　68

---

① 个人通讯，2008 年 9 月 22 日

力的，旨在呼吁城市景观的建设应基于多种功用的和谐统一。她认为，物理的异质性会促进经济和社会的多元性。

> 一个原则浮现出来……无所不在而且以纷繁多样的形式[即]……它成为我的论点的核心。这种无处不在的原则是一个复杂、密实的用途网，林林总总的实用之处总能不断的相互支持并兼顾经济和社会两方面来满足城市的需求。这种多元性的成分可以有很大的不同，但是他们必定以一种具体的方式互为补充。（雅各布斯，1961：14）

雅各布斯呼吁规划者们看看人们真正所喜爱的城市：热闹拥挤、陌生人之间的复杂关系、短小的街道以及混合的用途。在后期作品中，她提到了的复杂关系多元性不仅使城市更吸引人，而且是经济生产力的来源。她的推论得到了理查德·弗罗里达（2002：30）的支持和广泛宣传，后者主张城市多元性激发创造力，这反过来又会促进经济增长。最终那些反对主流观念的声音占据了新的正统地位，至少在中心城市是这样的。现如今，城市更新时，刻板地将建筑排列在超级街区被看作是一个严重的错误，混合使用的思想成为城市发展的指导理念。然而，在这些新项目中，物质和社会分化之间的关系目前尚不明晰。

到了20世纪末，哲学家对于他人认知的关注，如第一章所述，集中在强调多元性的规划上。规划理论家莉奥妮·桑德科克（1998、2003）把国际大都市称为她的理想城市。像艾里斯·玛丽恩·杨，她把正义和对他人的认知联系在一起。她描述了一个任何种族和不同背景的人都拥有平等的权利去享受城市空间的大都市，这样的城市需要更多的人去支持"匿名的乐趣"[①]。她指出，这同性欲望与幻想有密切关联，并且声称城市规划的功能应

69

---

① 是否大多数人真的认为匿名会带来乐趣还有待商榷。

该是创造都市风格①。

像桑德科克这样的理论学家所追求的多元性并非是吸引简·雅各布斯的地方特色以及创意阶层的大都会风格，而是一种体现在勒费布尔的"城市权利"这一词中的多元性。它是指城市空间的所有住民，不论他们的文化差异。玛格丽特·科恩提出了一个激烈的观点，借用彼得·马库塞的话来说（见马库塞和范肯彭，2002），即建立排他性的堡垒，不仅制约人们去享受城市设施，而且阻止了人们认识他人的情况②。在论述富裕的路人与路边乞丐的关系时，她评论道：

> 无法保证在街上遇到乞丐就会诱发人们的同情心……民主并不能保证社会形成特定的价值观，比如能够认识到并去赞美差异和异类。有些人，或许是大多数人，在遇到一个乞丐或者一个在棚户区居住的人时，只会感到厌恶……然而，作为一个社会，如果多数人都没有意识到问题的性质和范围，那么我们就不能决定如何解决部分人群无家可归的问题。（科恩，2004：181）

尽管从表面上看，城市理论家对多元性的优点态度一致，然而实质上，在有关各种环境规划的目标应该生产什么，以及有意识的规划如何创建以及是否可以创建出这些东西等方面，他们有很大的不同。因此，理查德·森尼特在评论广受赞誉的纽约或者巴特雷公园城的开发时，感慨道："炮台公园城……的设计依据的是如今人们普遍认为的被否定的用途和多元性美德。然而，在这样典型的社区中，人们能感觉到……'对生活的阐释'，而不是生活本身"（森尼特，1990）。

70

---

① 许多城市历史学家认为在大多数城市规划中，将公共空间与私人空间严格划分开，是为了将妇女隔离从而保护她们不受情色的诱感（参见费恩斯坦对女权主义规划批评的讨论，2005a）。

② 芬彻和艾夫森（2008：13）怀疑提供巨大的，各种各样的公共空间是否能够鼓励人们进行"包容的互动"。

以多元性为目标而规划设计的社区，不论是在城市内部，还是依赖新城市主义或新型传统绿地的发展，似乎都不可避免地被指责为不现实而含有乌托邦的意味。因此，决策者似乎陷入了一个无法解决的困境——要么离开市场使其自行发展，要么实施一个自相矛盾的多元性设计。虽然在过去，以市场为驱动导向的发展模式创造了像当地习俗、小土地所有制、最小限度监管法则、增量式开发那样的高度个性化景象。现如今，大型开发商卷入了全球化的建筑和地产市场，他们进行大规模的开发建造，并且对成功的模式进行复制。矛盾之处在于，这些本身充满多元性的节日市场、娱乐区域以及生活工作的环境由于被不断复制，反而失去了自己的个性，情况和现代主义盛行的时期非常相似。

作为正义的组成部分，多元性和公平之间的关系并不简单。前文曾提到过理查德·弗罗里达（2002）的观点，即经济增长和社会多元性的价值之间可以和谐并进。因此，直到最近，多元性的价值更多的是与政治上的左翼文化批评者而非支持经济增长的联盟联系在一起。"多元性"似乎已经成为政府官员所述的令城市再度崛起的灵丹妙药。然而，如果你认为弗罗里达在暗示：多元性既能促进发展，又能提高公平，那么你便误解了他。他明确表示："创意阶层青睐于开放性和多元性，在某种程度上这是一个属于精英的多元性，仅限于受过高等教育的、有创造力的人。虽然创意阶层的崛起为妇女和少数民族成员的进步开辟了新的途径，但毫无疑问没能消除长期存在的种族与性别差异"（弗罗里达，2002：80）。他本还可以补充说，创意阶层的崛起不仅没能消除种族与性别的差异，而且似乎还加剧了收入的不公平①。

71

---

① 萨森（2001）认为高端职业人群不断壮大的直接后果是大量的低收入劳动力群体的出现和中等收入群体的衰落。虽然她的论文在因果关系的问题上备受争议，不过，如伦敦和纽约这样的全球化城市的繁荣的确没能让中下层的人们受益，而且这些城市表现出了严重的收入不均问题。哈姆内特（2003）发现了伦敦日益增长的收入分配不均问题，但他认为这是社会顶层高收入人群的增长和社会底层的失业而非低工资劳动力共同构成的。

正如第一章所论述的，识别在逻辑上与再分配的概念不同，而且必须被看作是一个公正的城市的单独组成部分。在规划中需要特别注意到公共空间的创建和管理，但是并没有必要规划这些空间时时刻刻都为所有人开放。我们经常看到操场上竖着禁止孩子及其监护者进入的牌子；把学步的孩童与粗暴的青少年分开并不违背我们的正义感。火车上提供静音车厢、在公园中为沉思者保留一席之地等类似的做法也不会令我们感到被冒犯。关键是要限制行为，而不是人，并且只做合理的限制。"合理"一词的意思当然还可以再讨论，这里所说的规划干预应该是有很大的自由阐释空间的。

反对者的说法是，某些类型的行为与某些类型的人是密切相关的。玩滑板、放嘈杂的音乐、闲逛等更有可能是青少年的行为，这些行为也往往让其他人感到被冒犯或被威胁。限制特定的行为有可能被理解为歧视，尤其是当问题涉及种族的时候。虽然这些类型的冲突很难有简单的解决方式，然而只要有足够的空间分配给各个群体，空间的隔离或许是解决不同类型的行为发生冲突的最好方法。然而空间隔离的代价是，人们被迫去处理差异，而失去了一个所有人共享的空间。

多元性同样对社区的规划具有重要意义。要求任意地区的住宅区都能够包含各个收入阶层的居民，并且禁止种族、民族、健康歧视，这样可以构建有利于实现公平的标准。然而，要求人们违背自己的意愿去实现种族平衡或分散贫困会产生相反的效果，而且也侵犯了人们的自由①。芝加哥是一个很好的例子。在 21 世纪初，芝加哥房屋管理局（CHA）开始了一个拆除其高层大型项目和分散居住人群的计划，该局发给大多数人住房券以在私人市场使用，并承诺少数人有权返回在腾出的土地上实施的多样化收

---

① 戈茨（2003）认为，非自愿的分散居民无法达到目的并且让被分散的居民承担了很高的成本。

72 入居住规划。多年以来，芝加哥房管局根据法院的命令（《高特罗决议》，始于 1966 年）废除进行种族隔离的公共住宅，并在重置居民方面做出了一些努力。有研究表明（即使证据并不充足），一些自愿离开的非裔美国人搬到郊区，利用法院要求提供的救济资源后，的确改善了其在就业、住房以及教育方面的状况。在 20 世纪 80 年代，随着公共住房被普遍认为是失败的，社科理论指责地理上的聚集导致了这些居民世代贫穷①。芝加哥房屋管理局的官员以及芝加哥市市长根据这些理论为废除公共住房以及置换居民进行辩解："自 20 世纪 90 年代初芝加哥房管局官员在主要政策目标的表达方面保持了高度一致，即减少这些社区的社会孤立感；社区发展采用'混合收入模式'来保留公共住房；通过使用新城市设计技术推行人性化的经济适用房"（贝内特，2006：293）。

如果我们暂时抛开芝加哥政府是否真正旨在实现中产阶级化这个问题，以及其清理用地的目的是为了造福穷人的说法是否根本就站不住脚，从多元性这个方面来说，我们能够支持减少社会孤立感以及建造更具人性化的保障性住房的目标。以此为目标的政策的效果，即使作最乐观的估计，也好坏参半。戈茨（2005：409）关于亚特兰大一个类似计划的研究结论同样适用于此："尽管原著居民从中获得了一定的好处，我们必须记住那些用以拆迁和重建的数百万美元，搬迁和再安置对家庭和社会支持网络的破坏，以及牺牲数以千套低成本公共性住房而造成的永久性损失。"

因此，在这个例子中我们可以看出，实现多元性可能需要以其他价值的牺牲为代价。如果人们违背自己的意愿进行搬迁，那

---

① 威廉·朱利叶斯·威尔逊（1987、1989）关于贫困人口集中的负面效应的观点非常有影响力。华康德（2008）则认为，在美国和法国交替出现的地理上集中的城市边缘化源于资本主义政治经济，这一观点同威尔逊所描述的文化成因差别很大。

么民主和公正就受到了侵犯。如果社区由于中产阶级化变得更富
有多元性，那么尽管未搬迁的低收入居民获得了更好的服务，他
们仍可能会失去归属感①：

　　改变人口的空间分布或弥补财政或服务差距可能使空间
的分布更好更公平，但在某些方面未能满足人类对居所安全
感、聚居以及生活在一个充满活力的中心地带的渴望。在地
方主义者分散人口的项目中，人们为了实现更大的平等，甚
至践踏了人的尊严，重演了一出令人匪夷所思的城市复兴闹
剧。（查普尔和戈茨，2008：18）

　　在推进多元性的过程中，最棘手和最困难的问题就是需要一
些具有排他性的场所来欢迎非主流的人群。一方面，基于先天因
素，如种族、国籍等进行歧视是不道德的（通常是非法的）；另
一方面，把这些人强加整合违反民主程序也会激起强烈的抵制。
最成功的案例是在俄亥俄州的谢克高地。根据丹尼斯·基廷
（1994）的记载，接受非主流人群社区的一些因素促进了不同种
族人们的迁入。然而，即使在正面的案例中，即实现多元性的过
程没有违背其他价值观，多元性本身也不足以消除人们的敌意。
在对基廷一书的评论中，伊丽莎白·拉希奎因（1996：229）
写道：

　　基廷相信，"种族间的接触会减少种族冲突或歧视"，这
决定了他的终极目标，即提高"同一社区内房主的种族多元
性，否则的话，种族将会很单一。"人们需要互相接触，这
是不可否认的；然而，认为它会解决社会上一些根深蒂固的
分歧，而不需要关注使这些分歧持续存在的经济根源，也不

① 弗里曼（2006）描述了那些留在正在进行中产阶级化社区中的穷人所感受到
的矛盾情绪。

需要关注人们普遍怀疑的某些特权是否公平（比如为那些正在整合的社区提供的抵押贷款援助），这被基廷提供的证据证明是错误的，证据表明，即使是在被视为种族多元性典范的一些郊区社区，人们之间不仅一直存在敌意，还存在种族隔离的状况。

上述评论表明，进一步推动社会多元性会带来以下麻烦：不同种族与社区的紧张关系。罗伯特·普特南（2007：137）为他的发现而忧虑，即移民和种族多元性会降低社会团结程度以及减少社会资本。我们国家的新证据表明，在种族多元性的社区中，所有种族的居民倾向于"保持低调"。信任感（甚至对于自己种族的信任感）更低，利他主义和社区合作更罕见，结交到的朋友也更少。普特南表示，他相信从长远来看，这些负面影响会减弱，且形成新形式的社会团结和更具包容性的认同感，但他没有提供任何证据表明这的确会发生[1]。社区本身当然具有正反两面的价值。虽然为社区成员提供社会支持，但它仍是排他的：

> "社区"一直都是进行社会控制和监督的关键场所，近似于公开的社会压迫。完善的社区往往是排他的，将自己与他人对立起来，竖起各种禁止进入的牌子（除了有形的墙之外）……结果是，社区对于社会变革往往是一个障碍，而不是推动者，人口从（郊区和市区的）村庄中迁出，大部分正是因为村庄是压迫人性的，并且作为一种社会政治组织是多余的。（哈维，1997：1）

---

[1] 在他们对荷兰一个以提升多元性为主要目标的社区进行的研究中，犹特马克和戴文达克（2008：130）评论道："首先，识别出种族之间的差异就异常困难，然后是消除这些差异。看起来更像是这些差异未被提及，但已经消除，或者是已被提及，但仍未消除……我们所看到的是人们形成了短暂地互动交流的能力，随后便回到他们自己的或多或少相对隔离的网络中去。"

即使是当代的规划者，包括哈维矛头直指的纽约新城市主义者，也赞扬多元性增加了地方吸引力以及促进了社会融合，与此同时他们寻求进一步加强社区的纽带。但是，对于在社区中很难找到共鸣的居民来说，他们之间能够产生这样的纽带进而互帮互助吗？

促进多元性的支持者对于多元性和社区的矛盾似乎感到不太舒服。彼得·马库塞（2002：111）试图通过区分贫民区和飞地之间的差别来克服这一困难：贫民区是特定人群非自愿的空间聚集，而飞地是自愿的，且能够促进经济、社会、政治和文化的发展。当飞地聚集区是某个少数民族或拥有性别认同的一群人寻求保护自己的生活方式或作为克服缺点的途径时，这个名词有其积极的意义。事实上，通过为文化差异提供避难所，尽管微观上是同质的，但飞地在创建大都市的层面上则促进了多元性。此外，城堡被定义为由特权阶层占领的排他性区域，符合上面引述的哈维的负面描述。因此，以缺乏多元性为特点的城市社区是否值得称道，取决于其对公平与文化的促进作用（马库塞，1997）。

总而言之，多元性作为规划的原则之一体现了人们追求的目标；同时，迫切渴望实现这一目标在很大程度上取决于实现的过程以及实现它的种族或民族背景。

公　平

规划者在制定住房政策和城市复兴政策时所面临的公平问题是最直接的[①]。关于住房政策，上述的收入和种族多元性问题给出了一系列富有意义的决策，这里不再重复。而其他问题的出现取决于在多大程度上住房被视为一种权利；取决于合适的土地占

---

① 交通不在本章讨论之列。然而，这是当地规划管辖的一项，对公平有很大影响。在通勤铁路、公共汽车和有关车费和路线结构的决定方面进行投资选择，对于低收入和高收入的人群具有非常不同的影响。

有形式（私人市场租赁；公共，非营利组织，或公有制；个人所有制）；还取决于住房和城市复兴之间的联系。

美国和欧洲早期的住房改革家就反对工业城市不利于健康的生活条件。第二次世界大战后，政府在为大西洋两岸的居民提供住房方面起到了积极作用。众所周知，欧洲国家大量地投资由公共实体经营建造的大规模生产的出租房屋；与之相反的是，美国主要强调单户住宅的建设，并且仅为了最贫困人口才发展公共住房。即便当政府是由相对保守的基督教民主党派领导时，欧洲的做法也是以大规模提供公共住房的公平导向的理念为基础的①。美国则是采用需求方补贴的方式，包括税收减免和贷款担保，来鼓励人们追求房屋所有权。虽然美国的政策成功地为相当比例的工人阶级提供了体面的住宅，但是助长了郊区的无计划扩张，导致少数民族被歧视，并使得公共住房被视为最后的避难所，从而孤立了低收入居住者并给他们打上了烙印②。

截至 21 世纪初，欧洲和美国的方法开始日益融合，欧洲逐渐背离供应方战略，而美国的城市核心经历着中产阶级化。两大洲公共部门的住房生产下降，而大型住宅小区的私人开发商被要求给低收入家庭提供一定比例的住房。现有的社会住房进行了结构重组——在美国，"希望六号"项目用拥有多种所有权和管理权的混合收入住宅区取代了许多公共住宅；在欧洲，政府也拆除了现有的住宅，将它们转换成混合收入住宅区或将其转移到住房协会名下（范肯彭等人，2005）。提供给非营利组织（美国的社区地产商；欧洲的住房协会）或私人地产商的公共补贴现在成为建造经济适用房的主要资金。除了北欧的政府使用土地储备来控制房产投资，在其他地方，市场的力量而非民主决策决定房产投资的规模和地点；在这些地方，开发商的利益也通常是土地转租

---

① 参见哈洛（1995）对美国和欧洲在提供社会性住房方面的比较研究。
② 研究住房的学者使用"剩余场化"这一术语指代社会住房，指的是仅为少量低收入的群体提供的社会性住房。

的关键。租金援助系统在北美和欧洲越来越常规。然而，在美国，收入符合要求的居民并不一定能得到租金援助，而在大多数欧洲国家，所有符合要求的家庭都能得到帮助。

放弃公共住房来解决欧洲的住房问题并不一定代表不把住房视作一项基本权利。如果能够保证租金补助的发放且能够提供适用补助的住房，那么需求方补助使得受惠者比在公共住房的情况下有了更多的选择。虽然公共住房单调和官僚僵化的特点是无法避免的，但都是十分常见的特征，足以向混合收入住宅区更进一步，带着为许多人所欢迎的预兆。同时，随着更大比例的人口希望得到房屋所有权，一度对社会住房的广大需求，如今在减少。所有这一切都意味着曾经在欧洲实现的住房权利需要重新定义并用新的方式来实现：

> 社会各民主党派努力与后福特主义时期的政治和经济进行妥协，但还是失败了……他们没能从战后福利国家的经济和社会框架那日益无效的防御中转向一套新的原则和想法，这很有可能挑战新右派意识形态的主导地位，并且为重新获得选民中的中间群众的政治忠诚提供了依据。（哈洛，1995：499）

必要的"新原则和新思路"并不一定意味着偏离为所有人提供体面的住房这一目的，也没有让提供以非商品化住房为基础的承诺打了折扣，但是这开创了向弱势群体提供公平住房的规范。哈洛断言，后福特主义时代的"中间的大多数"正在寻求更多种类和拥有更多自主权的住所，并且官僚化的社会住房项目未能满足他们的愿望。大概一个更为分散的、灵活的系统能够满足这些标准而不用采取全面的私有化。然而，鼓励那些相对富裕的市民拥有住房所有权危及了补贴住房的再分配性质。

当我们考虑用来评估对住房援助的要求时，困境出现了。经济适用房向非政府所有权转变的部分原因是私营业主有更大的自

78

由来歧视问题租户。从其他居民的观点来看，他们不希望与罪犯或精神病患做邻居，而且大多数居民可能都会支持这一做法。不管怎样，这样的人也需要住的地方，这时候，公平的原则要求为每个人提供一个家。而另一方面，民主似乎要求人们对他们的邻居至少有一定的控制权，即使当前支持主流化的社会服务供应商之间的情感倾向于否定这一点。其他问题涉及应提供多少租金补贴——由于这些补助，得到补贴的家庭就应该比没得到补贴的家庭负担得起更好的公寓房？进一步的问题源于收入调查这一制度的缺陷——这也就是说，收入水平到了哪一个层次就不再有资格接受援助。收入超出限额一美元或是一欧元的家庭肯定会感到遭受了不公平待遇。

穷人也能拥有住房已经是一个在美国流行开来的口号，但是最近这一口号被证明导致了灾难性的次贷危机。然而，它也反映79 了由政客散布开来继而被受到影响的公众所接受的一种普遍情绪①。战后时期，房屋价值的增加对房屋所有者似乎是有利的，而一个住所的所有权给一个人更大的使用自由。个人所有权经常提供税收优惠。虽然英国和法国已经废除了房屋所有权的税收减免政策，但是它在美国和大多数欧洲国家的延续证明了这些国家的业主获得了显著的经济效益——尤其是那些更加富裕的业主，他们获得了更大的利益（哈夫纳，2002）。美国改革者一直呼吁消除房主的课税减免，因为其具有递减效应，但这在政治上是不可能实现的。因此，那些希望创造更多公平的美国政客们面临的问题是如何来平衡租房者和业主之间的利益，使得收入更低的人群可以进一步负担得起住房，并且允许他们拥有所有权方面的一些特权。

城市再生政策和房屋政策之间拥有紧密联系。从广义上讲，指

---

① 参见盖兹和西德尼（1994）；克鲁克伯格（1999）。克鲁克伯格引用对波士顿公共住房租户的调查，称其中大多数人都梦想拥有房屋所有权。有一次上课的时候，我表示那些就业不稳定和低收入的人不适合拥有个人房屋所有权，当时就有一个非洲裔学生指责我心存偏见。

明重建区域的用途会决定哪些人能从重建中受益；这取决于在多大程度上这些区域能够保留或实现其住宅的属性，那些居住者将会构成重建政策的核心。1949 年美国住房法把城市重建以及公共住房纳入其管辖范围，并且要求，被清理出来的大部分土地根据城市重建法规需开发成住宅区。后续法规如 1974 年的住房和社区发展法，同样结合了住房和街区的改善计划。荷兰通过决定住宅区的位置来调控城市改建的形式。战争结束后，英国、法国和德国通过社会住房的发展重新改造了它们的城市。现在，这种住宅和商业空间合并的混合使用模式已经成为建设城市的主要手段了。

战后的城市再生计划经历了一系列反复发生的冲突。总的来说，可以用这句话来概括：增长与公平的矛盾。它可以闹市区相对住宅街区的形式来体现；或者拆除相对保存；社区稳定相对人口数量的变化；机构扩张和得到补贴的体育设施的建设相对投资社会住房、教育或社区设施；高速公路建设相对公共运输；重大事件相对本地的庆祝活动。在这场争论中，公平原则通常在以上这些对立面中占次要位置，但是，在争取投资方面互相竞争的资本主义城市中，一个个降低投资者兴趣的因素可能会让这些城市没有多少可再分配的资源。

这一结论成为保罗·彼得森只有国家政府有权实施再分配以及各城市的政府通过促进经济的增长使每个人都受益之观点的基础。然而，他的立场忽略了在各个目标间取得平衡的可能性。而且，他没有意识到，如果把政策的作用视为单纯的再分配，可能会比诸如补贴运动队等所谓的促进增长的策略对经济可行性做出更大的长远贡献。因此，克拉伦斯·斯通在对彼得森的论点提出质疑时建议，我们应强调对人力资本在较长时间框架下进行投资，这会使政策既能起到再分配的作用，也能促进发展。此外，他认为，对这种投资的忽视最终会产生失业人口和好战人口，从而被证明会对一个城市的利益造成损害（斯通，2005：247）。

比起在人力资本上的"软"投资，政治家们更倾向于在建筑和基础设施上进行"硬"支出，原因是他们的努力是可见的，在短期内也是可以实现的。即使没有为了商业发展而来自商业利益的直接压力，政治家们也觉得需要向他们的选民展示一些可见的成果——民主参与并不一定倾向于长期策略。在欧洲城市，大部分城市公共支出是由政府资助的。比起美国政府，欧洲的地方政府更倾向于参与社会支出。但是，渐渐地，欧洲的领导人越来越看好增加竞争力的论点，而这些论点似乎是得到选民支持的①。因此，我们已经看到在地方选举中左翼政党屡次失败，同时，我们甚至可以在社会民主政府中看到向企业主义的转变。

81　　　总之，住房供给和城市再生，二战后这两个地方公共政策的关键领域，是多元性、民主和公平这些价值互相角力的竞技场。个人对隐私和控制周围环境的期望；对维系并加入一群志趣相投之人组成团体的共同的渴望；住房短缺和缺乏支付能力；经济重组和随之而来的土地的荒废；环境危害；老化的住房和基础设施——所有这些构成了住房和再开发计划的制定者必须面对的状况。用构成最公正解决方法的手段来定义每个争论，意味着我们应该讲清楚公平的含义并给予其优先权。但根据背景的不同，其他的价值有时也应该被优先考虑。

区域主义：政治的规模

　　所有针对公平城市的探讨中最惹人关注的一种批评，就是对"城市"一词的使用。毕竟，城市的空间边界基本上都是任意的，几乎所有的城市都嵌套在大都市地区。此外，政治管辖权从经济生产的角度来说并没有多大意义。生产设施区和劳动力市场在空间上是区域性的。地理学术界多年来一直专注于"新区域主义"，这种主义关注的核心在于横跨大城市各个区域的企业间的相互依

---

① 参见贾德和帕金森（1990）；哈维（1989）。

赖以及资本在区域内与区域间的流动。与此同时，政治科学家在重新划定边界时恢复了早期的利益，以更好地反映经济与社会现实。欧洲和北美的政策制定者从效率、民主和公平的角度出发，为区域和大城市治理提出了新的政策。

以区域为关注焦点的经济逻辑在北美和欧洲国家很大程度上是相同的：例如硅谷和意大利的艾米利亚-罗马涅省的区域协同效应意味着其他地区也可以受益于类似的增长战略。然而，它们的政治基础是不同的。在美国，城市很大程度上依赖于自己的税收基础来支持各项公共服务。城市管理支持者如大卫·拉斯克和迈伦·奥菲尔德都认为整合对于公平分配是必要的①。商业利益支持更多的区域协调是出于不同的原因：他们通常主要关注的是效率低下和不断增强的竞争力，效率低下是由于诸如运输和水资源等领域不完善的服务所导致的（坎特，2000）。欧洲各国政府和商业利益也关心协调和竞争力，但是向政治区域主义转变的主要原因是国家政府职能的下放，而非整合（布伦纳，1999）。在欧洲已得到合理论证的观点是，相比较远的中央政府，地方政府能更好更快地对公众和当地情况做出反应（R.普特南，1993）。

美国学者关心的问题是富裕郊区和贫困城市之间的资源分配不公，他们大力支持这样的治理形式，即让市政府有机会接触它们管辖范围以外的纳税人（德雷尔，莫伦科夫和万斯特洛姆，2004；弗鲁格，1999）。他们还看到考虑不周的政府在种族隔离问题上非常随意以及城市扩张加速了穷人与社会的隔绝。因此，德雷尔、莫勒科普和万斯特洛姆（2004年，第7章）提出了一个有力的观点来防止城市之间开展竞价战以及抑制城市向外扩张。

----

① 在美国，拉斯克和奥菲尔·德都是积极的城市管理的推广者。参见拉斯克（2003），奥菲尔尔德（2002）。

82

反对竞价战的理由是最无懈可击的。竞价战的效果，不管是在大城市内部还是大城市之间，都大大增强了竞争的激烈程度，其中美国一些城市放弃税收基础来促增长。这些战争在美国最为激烈，原因是美国的城市垄断更为严重。然而，即使在欧洲，它们通常以法规特许权和基础设施建设，而不是税收优惠的形式继续下去。虽然在理论上可以拿出公平的论点来支持这些项目——这些项目可以用来把公司吸引到高失业率地区，不然的话这些公司不会来——但实际研究没有表明这种效应已经发生[1]。尤其适得其反的是美国为争取大联盟球队所打响的战争，其中市政府提供基础设施，承保贷款，并给予税收补贴，而球队从设施和媒体特许权中获得收入（奥斯特里安和罗森特伯，2003）。

更成问题的是反对城市外扩的说法。反对扩张对主张进步的规划者来说几乎是自相矛盾的，支持扩张通常与那些以市场为导向的、右翼的评论家联系起来[2]。然而，安德鲁·柯比在评论迈伦·奥菲尔德的著作时，将来自左翼的挑战升级为紧凑型开发："如果我们用阶层而不是种族来评判城市扩张的话，实际上这对一个城市的居民来说是件好事。在城市边缘开发新的土地可能会给市场带来相对经济的住房（就像美国的莱维敦镇50年前建造时那样）"（柯比，2004：756）。更为偏离传统的是，柯比继续维护与管理共同利益住宅区（CID）的房主协会相关的硬性行为规范，CID指的是规划完善的，通常安装了大门的社区。他推测，如果每个人都必须遵守严格的规定，那么居民会更愿意接受社会多元性。因此，他的观点在公共空间行为这一方面与我的观点相似——规范行为能够阻止对先天性因素的歧视。

然而，柯比的一线希望有些夸大。低密度的城市边缘发展确实能产出更廉价的住房，但代价是交通的时间和金钱成本都会增

---

[1]　参见费希尔和彼得斯（1998年）；彼得斯和费舍尔（2003）。
[2]　例如，加罗（1992）；布吕格曼（2005）。

加。对行为的限制可能会让人感到更安全，却是以个人自由为代价的，而且如果这些限制是开发商强加的，还会牺牲民主。城市外扩的环境成本到目前为止已经有据可查，虽然有可能被夸大了（克里格，2005）。不过，柯比的确证明了扩张对公平和多元性的影响并不像人们所认为的那样明确。和本文里讨论过的许多问题一样，某种特定的发展方式能在多大程度上使公平、多元性和民主最大化必须要在一个特定的背景下进行评估。

另外还有一个问题是大都市和区域治理。艾瑞斯·玛丽安·杨（2000：234）呼吁政府成为一个多层次的机构，其中地方政府规定补贴单位之间的关系。不过，她坦承："一切都取决于制度设计与有组织的公民利用区域机构来削弱排他性和促进平等所带来的政治压力"（杨，2000：235）。杨以美国明尼阿波利斯首府圣保罗和约翰内斯堡为例：这两个城市利用共享税收基础来促进公平，并且有权力在其管辖范围内决定经济适用房的地理位置。然而，这些再分配措施造成的影响，最多也只是中等的。管理这两个双生城市的市议会，已经不再像早期那样激进了；明尼阿波利斯虽然正在安置这一地区最贫穷的人口，却已经是财政收入的净贡献者，而且市议会已经不再理会公平住房的任务（戈茨，2003：89）。南非的企业和富裕的市民为了逃离大都市的约束，已经迁到了城市边界以外。

所有这一切都表明区域组织并不能自动变身为促进公平的工具。此外，作为提高民主参与性的方法，这些机构既缺乏小型社区的紧密性，又缺乏更高层政府的能力和认知度，至少民众更有可能知道在更高层的政府中谁在代表他们。此外，在收入差距明显的地区，富人往往主宰区域实体。区域主义可以从低收入的少数人那里把他们通过控制小型政治部门获得的权力剥夺，无论是在美国国内城市还是欧洲工人阶级主导的郊区。因此，尽管大城市的管理机构可能会重新分配收入，分散经济适用房，涵盖不同类型的公民，并且提供比小型市政府拥有更大能力的让民众控制

84

某一层级政府的可能性，但是出现这些结果的可能性是微乎其微的。

启　示

　　本章表明，在与城市政策这个广泛议题的联系上，民主，多元性和公平这些价值可能会以多种方式体现。在城市政策的关键领域，背景和历史时刻做出了最公正的政策选择，这个选择尚没有清楚的理论论述。这是否意味着我们无法制定与能够推动城市公平的政策有关的决策规则？我在本书最后一章中的观点是，如果我们无法确定具体的项目，我们可以列出用来制定和评估政策的标准，这些政策要符合玛莎·努斯鲍姆所列出的能力要求。能够最大程度满足这些标准的具体的政策因时间和地点而异，然而我们无法事先确定最有前瞻性的政策并不意味着我们不能建立判断的基础。

　　接下来的三章将研究纽约、伦敦和阿姆斯特丹的重建史，并与本章中讨论到的问题相联系。其目的是将判断正义的标准——民主、多元性及公平——应用到已经采取的政策中去，并且为需要这些价值的地方提出与它们更为契合的其他方案。

第三章

纽 约

纽约的城市再开发项目的历史在美国是非常有影响力的。尽管就其规模及全球重要性而言，纽约与美国其他城市相比算不上典型，但它所采用的独特政策却已被广泛复制。对此，我们已在上一章中做了讨论。本章我将简要概述这个城市再开发政策的历史，并审视近期所做的各项努力，以评价其产生的影响，并指出有助于产生更多正面结果的其他可能性[①]。最后我将从公平、民主和多元性三个标准来评价纽约的表现，做出总结。

从罗伯特·摩斯到财政危机（1945～1975）

自二战结束到 1960 年，罗伯特·摩斯辞去了在纽约城和纽约州的各项行政职务，集中精力负责城市的规划和再开发[②]。曼哈顿的大型住宅项目史岱文森镇/彼得库珀尔村是战后早期的一个项目。由于这一项目酝酿于联邦政府制定城市改造计划之前，因此对纽约和其他地方的日后尝试树立了榜样。曼哈顿宣布住有

---

① 本章中的大量历史资料来自费恩斯坦和费恩斯坦（1998）。
② 存在着关于罗伯特·摩斯的大量重要文献。罗伯特·卡隆（1974）撰写的权威传记十分具有批判性。巴伦和杰克逊（2007）曾编写了一本突出介绍他成就的书。

12000 人的 18 栋贫民租赁住宅楼为危楼，随后将土地出售给了大都会人寿保险公司（简称大都会人保），由其全权负责规划及租户筛选（西蒙，1970）。这一尝试标志着对现有结构的全部拆除；对居民的搬迁；私营部门对设计的掌控；曼哈顿作为城市中心地位的彰显；市民参与的消失；以及对新房源承租给白人的限制。如要使用正义的三个标准来评判，对这一项目的规划很显然是非民主的且起初这一建筑楼群也并非多元性的。而是否公平似乎也很难界定：收入标准限制及租住规则的确让工薪阶层和下层中产阶级（其中很多是退伍老兵）在风景优美的环境里拥有了体面的住所，但却是以原住民的搬迁为代价的。最终，在法庭判决的影响下，这一住宅楼群在经历数十载后终于成为多元性的一个范本，其住户的结构包括了多个种族人群和各个收入阶层①。然而，大都会人保在将大约四分之一的住宅单元移出租金稳定系统之后，于 2006 年将这一项目出售给了房产巨头——铁狮门房地产公司，付出的代价是为了让新住户购买后有利可图，不得不促使原租户退出租金管理系统（巴利，2006）。如果他们成功实施了这一举措，那么在这个构建过程中所获取的公平及多元性今后将越来越弱。然而，2008 年到 2009 年的经济衰退会让住房所有者拖欠债务进而丧失房屋抵押赎回权。他们已然岌岌可危的财政状况又会由于法庭要求其偿还已获得的租金变得更为恶化。假如破产迫使房屋的售卖严重折价的话，那么很可能未来的房主会延续当下这种可以承担的租赁结构（巴利，2009）。60 年的历史为我们指出了评价中的一个难点——随着时间的推移同一项目可能在正义原则上呈现完全不同的结果。

摩斯经常表明他反对规划的立场，然而他对一个以曼哈顿为中心、内外由高速公路网有效连接的这样一个人口稠密的城市并没有清晰的远见。他只是投机式一个一个地推进项目，在他的各

---

① 由于地租管制，随时间推移，公寓的价格水平逐渐下跌至市场租赁价以下。

种不同的规划里看不出创建一个高效、现代、服务于中产阶级的大都市的意图。他让高速公路穿行于纵横交织的稠密社区，为公共事业机构的扩张而推倒住房，而且，作为陋巷改造委员会的主任，他搬迁了低收入社区，取而代之的是为中产阶级及高收入人群建造的公寓，以上规划引来一片骂名①。同时，他在执政于纽约市房屋管理局时负责监督 13500 个新公共住宅单元的建设②。尽管由于拆除的影响，他未扩大低收入住房库存的供给量，但与美国其他城市的同僚相比，他也的确未能建造更大规模的社会福利性住房③。反观二战期间，公共住宅项目、中等收入者的建设补贴以及租赁政策三者曾共同被确定为战时紧急保障措施，战后一直延续下来，因此，在由政府推动低收入保障住房建设方面，纽约市在美国城市中独树一帜。然而，这并未促进种族多元性，却使这个城市在战后一段时间的种族隔离愈演愈烈，原因在于城区改造清除了一些零散分布的黑人住宅区，而哈莱姆区、贝福·斯图文森区、布朗斯维尔区以及牙买加的黑人聚居区却扩大并稳固了。

到 1960 年，摩斯在位期间推行的大量城区改造计划都已在社区的反对声中落下帷幕。改造的重点从而转移到了社区保护和复原上。市长罗伯特·瓦格纳领导的政府致力于将社区居民融入城市规划中，并增加低等及中等收入者的住房供给量。然而，尽管有此次投入，公共住房建设还是日趋减少。到 20 世纪 60 年代中期，纽约市的公共住房大部分都由黑人和拉美裔美国人居住，因此，这一政策失去了广泛的支持，在 1964 年和 1965 年两年的州范围投票中对公共住房债券的支持以失败告终④。不过，在此

①　中等收入住房主要由纽约州资助的米切尔－拉玛项目负责建设，这一项目为私人开发商及非营利性开发商提供补贴，由他们负责租房与合住房的建设。见麦克克莱兰和麦格多维兹（1981：156~60）。
②　在公共住房开始的几年里，其住户绝大多数为白人及上班族。
③　见阿布·卢歌德（1999：208）；弗里德兰（1983）。
④　见杰克逊（1976）；克莱普（1976）；艾布拉姆斯（1965）。

期间享受补贴的中等收入住房大量开发，从而导致高级楼盘贯穿   89
整个城市，在以后的几十年里为大量居民提供了体面的住处，并
使城市各种族、各民族之间更加融合。这样看来，即使这些城市
开发举措最初并未以促进多元性为目的，最终却实现了多元性。
另外，由于这些楼群的居住成本并未随着房价的上涨而提高，因
此这些楼群的住户范围实际延伸到了低收入家庭，超出了初期规
划的目标。然而，问题是所有这些项目都制订了日落条款，使得
他们多年后还可以重新恢复至市场利率，因此，在千禧年开始之
际，成千上万的住宅单元开始从经济适用性住宅群里退出。

    20 世纪 60 年代后期到 70 年代初，纽约市逐渐受到了城市官
僚机构间冲突的困扰，白人仍然占统治地位，而黑人和拉美裔美
国人则是服务对象。在 1966 年的城市选举中，市长约翰·V. 林
赛做出举动，使少数民族更多参与城市管理。市长利用城市资金
和联邦模范城市资金为贫困社区吸纳了更多资源[①]。由劳工组织
发起，纽约州政府资助的合作城市发展项目在布朗克斯区为中等
收入家庭增加了超过 15000 套房屋[②]。总体来讲，林赛时代是以
重新分配计划、在城市官僚体系中推动种族融合、分散管理与市
民参与的新渠道并行以及象征性的认可少数民族参与城市管理为
标志的。然而，它也深受纵火、房屋遗弃、犯罪率不断上升以及
胡乱涂鸦造成的公共交通的持续恶化[③]。很多人认为这个城市已
90 无法治理（耶茨，1977）。

    市长林赛的城市管理尽管为低收入人群做出了贡献，却并不
能简单地被标记为服务于贫民和少数民族的项目拓展。除此之
外，林赛还通过税收刺激政策鼓励曼哈顿的商业发展。分给各区

---

① 林赛因避免了动荡时期在其他城市发生的暴动而被称颂。（舍夫特，1985；
    阿布·卢歌德，2007）。
② 由于大量住房被遗弃，尽管在 1965 年出现了 1.5% 的空置率最低值，但住宅
    单元总量在 1965 年至 1975 年间仅上升了 1.6%。
③ 尽管艺术先锋派为涂鸦辩护——且某些涂鸦作者的确成了重要的艺术家——
    但大部分人仍将装饰过的地铁车厢视为破坏秩序的象征。

的奖金在名义上是要奖励那些公共空间的开发者们，但实际上常被滥用或藏匿，甚至允许开发者建造远超出各区规定标准而又无益于民众的建筑（凯登，2000）。另外，作为国家机构的城市开发公司①，既赞助了大型商业项目的开发，又同时资助了中高收入住宅项目，包括东河的罗斯福岛的开发。同时，纽约和新泽西港务局作为同样独立运作的政府部门，建造了世贸中心。世贸中心开放于 20 世纪 70 年代早期，并因此导致了曾经电子产品小店云集的繁华区——众所周知的"无线电行"的搬迁（戈德伯格，2004）。国家机构只需与公众进行极少的沟通，也几乎无须关注低收入人群的利益，因此这些项目能够实施。

由此可知，林赛的城市管理充满了矛盾之处。他有时操之过急，总想好事成双。甚至当谈及城市内部问题和帮助贫民的需求时，他即刻就能指望其他层面的政府机构协助他进行城市的重组构建，以财政、时尚、媒体和高端服务为基础发展经济。然而，由于这项策略对于贫穷少数民族的大力支持，激起了白人工薪阶层民族团体的强烈抵制，这些团体认为林赛以牺牲他们的利益为代价，过分溺爱那些不配受此待遇的贫民。事实上，他的政策的确很大程度上忽略了工薪阶层，因这一政策主要服务于社会精英和少数民族的利益，而很少惠及港口工人和制造业工人，他们的工作机会和社区生活都在逐步丧失。普遍认为，林赛失去了与白人工薪阶层的联系，直接引发了对他的强烈抵制，最终导致了亚布拉罕·比姆市长的上台以及之后爱德华·科赫相当长的任期。

林赛任纽约市长期间，正值美国经济脱离传统制造业的大转型时期。当时没有一个市政府能够影响这一局面，从此城市间激 91 烈的投资竞争开始展开。这样看来，遭到纽约的白人、工人及中产阶层指责时，所涉及的事情并非林赛所能控制。然而，他对少数民族和贫民的关注冷落了那些由于工业的萎缩或行政部门的干

---

① 这一机构后来被重新命名为帝国开发公司。

预而正在失去拥有稳定经济职位的群体。实际上，就日益提高的公平和多元性而言，林赛任职期间最显著的成就之一是转换公共服务机构（除警察局和消防局以外），使其更准确地反映出更多人口的构成①。而这些政策的影响，尤其在教育领域，则是进一步加剧了公务员及其服务对象之间的冲突②。

　　始于1974年的这一时期标志着从以实现平均主义为目标的林赛时代的后退。在国家层面上，1974年颁布的《住房与社区发展法案》结束了模范城市项目，这一计划曾是林赛帮助贫困社区的主要资金来源。社区发展整体补助金政策取代了原有的联邦城市改造项目和模范城市项目，对市政府在如何使用所得基金方面给予了更大的自由。对于纽约来说，社区发展整体补助金政策的资金提供模式表明降低资源投入对于城市开发项目是可行的，且与示范城市计划相比，其资金的使用没有更强的目标性③。1974年，继林赛之后，亚布拉罕·比姆出任纽约市长。他的政策不再以城市贫困区为重点，这一举措几乎延续到了世纪末。这一策略开始实施是以任命罗杰·斯塔尔为住建部部长为标志的。斯塔尔提出了"有计划的缩减人口"（斯塔尔，1976）政策中的"分类策略"，此策略将资金从需求最大的地区转移至"那些能够为当地居民有所作为的地区"（斯塔尔，1975：262）。④

---

①　在林赛执政期间（1966~1973），虽然纽约白人在公共部门的任职也大量增加，而从总的就业比例看，黑人在公共部门的就业仅从20%上升到25%，但其就业率增长了近三分之二。1971至1990年间，黑人在政府部门的任职比例从20.9%上升到35.4%。（费恩斯坦和费恩斯坦，1994，表1）

②　这一时期所形成的斗争之一是针对社区对学校的管辖而产生的冲突，即少数家长与占绝大多数的犹太教白人教师工会进行对抗。（费恩斯坦和费恩斯坦，1974）

③　纽约运用了独特的社区发展整体补助金政策中的基金来维护物权住房，即由于拖欠税款，住房存量则归城市所有，这样便导致物权项目一度变成了第二大公共住房项目。最终，这些房产由社区开发公司或民营企业承接管。

④　斯塔尔预测城市人口将缩减几百万并认为由于南布朗克斯区在他撰写此文时已遭遇了严重的房屋遗弃，因而会一并空置下来。然而，到2008年，纽约的人口增长达到历史最高峰，南布朗克斯区得以全面重建和重新居住。

1975 年，纽约遭遇了财政危机，继而导致资本支出的搁置和严重的服务范围缩减。只有将财政管理权移交给两个未经选举产生的机构——一个完全自理的"市政管理公司"和一个纽约州立机构"纽约市紧急财政管理局"，才能避免财政破产的局面。这两个授权机构在商业董事会的监控下，通过从几个公共服务退休金基金会拨款及专项税收收入来偿还债务，从而挽救了城市的信贷危机。尽管纽约最终重新获得了偿付能力并脱离了两大监督机构的影响，但政府此前对社会福利及贫困社区的承诺减弱了，经济增长成为主要的发展目标①。比姆的继任者爱德华·科赫宣称"我代表中产阶级"（科赫，1984）并带来了白人天主教和犹太教的选民联盟（雷克尔，2007）。在 12 年的任期里，科赫极力推行利用税收补贴来刺激概念型办公室开发的模式，试图将公司留在城市中。

复苏期（1976～2001）

20 世纪 80 年代，纽约的财政得以复苏。移民推动了人口增长，给垂死挣扎的社区带来了复兴。由金融松绑、经济全球化及经济创新带来的经济繁荣激起了房地产板块和一些商业服务项目，如广告业、建筑业和司法业的相应增长。纽约不仅成为全国最大的制造中心，甚至变成了金融之都。如今，金融板块日益增强，意味着尽管制造企业的总部相继搬离，工厂就业量急转直下，但纽约市依旧可以依靠一批处于极其富裕阶层的公司和个人站稳脚跟。而这些公司和个人又反过来资助了城市的文化产业并为各类生活福利设施及服务买单。在他执政的后期，为应对政治上的压力，科赫开创了一个 10 年住房项目，用城市自身的资本

93

---

① 见莫伦科夫（1988）、布雷克尔和霍顿（1984）。马库塞（1981）认为这场有意而为的危机是为了迫使市政府紧缩社会福利开销。

预算来补充其他资金需求，从而支持非营利性社区发展公司以及以营利为目的的建筑商建造保障性住房单元（希尔等，2002）。[①]

20 世纪 90 年代初，纽约市遭遇了严重的经济衰退，使很多观望者担忧其经济上行的轨迹已经停止。纽约第一任非裔美国籍市长戴维·迪金斯上台时恰逢经济衰退迫使纽约进入第二次财政危机，因而严重限制了他试图重新改变方向，将财力投向其少数民族支持者的能力。到 90 年代中期，鲁道夫·朱利安尼任市长，随着新的证券市场的繁荣，80 年代的财政复苏获得重视。尽管 90 年代经济总量在增长，然而收入中位数却下滑，直到新世纪迈克尔·布隆伯格上任后才得以再次增长。朱利安尼的管理被广泛认为对少数民族缺乏同情，而且，随着住房市场的收紧，城市在缓解住房问题上所做的贡献也减少了（希尔等，2002：表 1）。

20 世纪 80 年代开始实施的两个大型城市项目都落户于曼哈顿，分别是炮台公园区和时代广场的再开发[②]。接下来我们将从公平、民主和多元性三个标准来分析这两个项目的实施，因为二者都涉及国有企业的主要财政投资。

炮台公园区

这一建筑群的最初规划是要通过填埋哈德逊河，毗邻华尔街金融区建立一个现代网络的新城。炮台公园区的土地归区城市管理局所有，它是在纽约州政府管辖下的一家半官方机构，有权发行债券。这一城区建在重要的车辆禁行区里，每栋楼都包含数量均等的针对高中低收入人群的三类住宅单元[③]。然而，当 1976 年

---

① 大部分美国城市对由不恰当的联邦项目基金所提供的住房补贴进行限制，且不使用自身财政收入所得资金。

② 这两个案例在我撰写的《城市建设者》（2001a）中有更详尽的描述。

③ 根据原始计划建造了一个针对中等收入人群的建筑综合体。见庞特（1982）、吉尔（1990）和高登（1997）对炮台公园区开发的论述。

河区填埋接近尾声时，财政危机却阻碍了对新建项目的热情，这一地段在接下来的四年里变得死气沉沉。后来，一项新的规划方案要求在此建立常规城市街区，放弃容纳各收入人群的建设目标。基于这项方案，城市管理局得以成功吸引投资者到来。此方案接纳了奥林匹亚·约克地产公司的建议，建立了世界金融中心，中心的一整套办公楼将通过一个高架路与已建十年之久的世贸中心相连。这些办公楼成功吸引了一些全国顶级的金融公司入驻。此外，办公楼与冬日花园相连，花园对公众开放，两侧是美观的公共空间，在此可以看到纽约港的景色。这一项目的住宅区部分是由很多开发者委托不同的建筑师来建造的，因而提供了比原规划设想更多的多元性。然而，就用户定位而言，他们的价格结构起初仅限于能够负担市场价格的住户群。后来，有四栋住宅楼根据"80/20法则"建造，其中20%的住宅单元预留给收入低于城市中值的50%的用户，稍许改变了住户的人口结构。购物受到了很大限制，但除了一些奢侈品店和大量餐馆外，这里还有一条街提供基本的生活服务设施。 96

　　城市管理局继续持有土地并将其出租给开发商。它收取地租和便民设施使用费，用于起装饰作用的奢华的室外公共区的维护。此外，炮台区还根据商业产权和住宅产权的价值收取一笔费用来代替税收，尽管税收的减免起初限制了所收的费用额。赞助商排斥低收入家庭入住这一地区的住宅楼并支持将税收补助发放给办公楼和高档公寓，其正当理由是，在本地区所得款项的收益将用于支持城市其他土地更廉价地区的更多数量的低收入房建设。1986年，城市管理局面向低收入住户发行了总额4亿美元的收益公债券并承诺将发行更多。然而，市政府却在1986年之后选择将这笔收入用于公共基金而不再用于房产方面。

　　这一项目在公平和多元性上做出的贡献虽然很难界定但并非没有。它的确大大增加了城市的计税基数，且由政府掌握土地所有权意味着国家财政会随着其价值提升而增加。炮台区豪华的公 97

园、冬日花园、运动场及水滨景观为全纽约人提供了有价值的便利设施。尽管它的地理位置及相对孤立意味着其使用比例并不均衡，只有居住在小区或附近的富人才能享用，但在天气晴好的周末，人们仍能看到各式人群前往。在这个实例中，城市管理局故意忽略了住户的偏好，从而激励了更广泛民众的使用。炮台公园是曼哈顿西端使用率很高的公共空间。由于想要保持排他权，居民曾反对将小区的南端与炮台公园相连。然而，当局坚持建造了起连接作用的人行通道，因而与居民的喜好相比更加支持了公平和多元性。至于这是否应被解读为无视民主决策取决于对公众组成部分的界定。建一个多放映厅影剧院、一所酒店、一座爱尔兰大饥荒纪念碑以及两个博物馆已将参观和使用功能混合其中。所以对公平性和多元性的综合评价也就不是完全否定的。

就民主性而言，炮台区的开发收效不佳。在小区的规划中并没有市民参与其中。一旦居民入住小区，他们的确对娱乐设施的进一步规划发表了意见，引起了公共空间使用方面的一些变化，但对于未来建设的构成缺乏广泛的意见采集。居民坚持认为该地段为上层阶级专属，如果民主参与是为了获得更大的公平性，那么它应囊括更宽泛的公民构成而不仅是炮台公园区的居民和当地社区委员会①。即使在当时，也很难想象这样的公众群应如何构成。

那么是否有更加公平的其他选择呢？炮台公园区的评论家仅将它看作一个富人大本营和多样化设计的幻象而非真实之地（科恩，2004）。而在许多纽约人看来，它是一处受欢迎的避风港，是能在怡人的环境中尽情欣赏水滨景色的少有地段。周末的客流并不包含那些拥有避暑别墅的人群，而大多是步行从下东区轻松赶来，或从布鲁克林和曼哈顿北部乘地铁到达的普通民众，他们愿意有这样的机会躲避到怡人的环境里。实际上炮台公园区的确

---

① 纽约的社区委员会是由市议会成员及区长为本地区提名候选人。委员会对土地征用及资金预算等事宜拥有审议权。见马库塞（1987）对其职责及权限的评论。

创建了一个多数人能够享用的公共空间，只是它的不可取之处被评论家们放大了。

在公平性方面的主要问题是住宅楼的独占权。为高收入人群保留空间可以产生大量资金用于其他区域的住房及社会服务设施的论调有些强词夺理。这些财政收入不一定将用于重新分配项目，也没有证据表明已经这样实施了。更进一步说，即使公寓主要由市场定价，也应为低收入家庭保留更大比例的住房。而且，尽管增加了部分保障性住宅单元，但随着对租金水平进行限制的期限已过，在最初的建筑群中为中等收入住户预留的三栋楼也正在回归市场利率。

一个对这一住宅小区开发具有实用价值的可替代政策是不仅将这一项目的未来创收产生的收益债券用于城市其他地段的房产开发，而且将之用于补充开发商在这一楼盘的交叉补贴，以便在每栋建筑里提供低于市场价格的住宅单元。进一步讲，这些接受补贴的住宅单元回归市场利率是不应被允许的，原因在于一般情况下它们已经成为受补贴的私有建筑了。要求租金管理在现存的中等收入建筑群中坚持执行的规定也会进一步推动公平，继而最终获得更多的公平和多元性。

然而，要促进更加民主的进程却让很多棘手的问题浮出水面。协商之后将市议会排除在外并将项目的管辖权移交给一个孤立的公共管理局，这使其完全脱离公众的监督。与纽约市一样，横跨哈德逊河且只需五分钟的火车车程即可到达的新泽西州也受这一住宅区的影响却仍被排斥在外。[①] 正如伦敦码头区（在下一章进行讨论）的恢复，如此大型项目的影响不只在附近地区，而是更大的区域范围。然而缺乏进行区域协商的论坛。在微观层面上，由于这一建筑群是建立在空置的土地上，并无现存的社区可以协商，且当地社区委员会比例失衡，仅代表富人区，其中大部分土地为办公

---

① 由于世贸中心是纽约与新泽西港务局的规划项目，新泽西州州长对它的建造具有发言权。他坚持让港务局接管并改善连接两个州的火车（PATH train），以此来作为他赞成此项目的交换条件。

楼占据。协商民主的支持者对于推行应包含多项管辖权且更多而非仅少数感兴趣的人群参与的民主进程的机制几乎毫无想法。

因此炮台公园区并不是一个非正义政策的典型实例。它并没有进行人口搬迁，而且通过吸引大公司产生了大量财税收入，另外，它提供了丰富的公共空间并向普通公众开放①。然而，它本可能在吸纳更广范围住户群方面发挥更大的作用，能利用所得的财政资金建设保障性住房。

时代广场的重建

坐落在曼哈顿市中心的时代广场继二战之后成为越来越多破旧企业的避难所。色情作品传播者像磁铁一样招来了流浪汉、皮条客、毒贩和妓女，这些人充斥了整个街景画面。因而市政府针对这一地区提出规划，试图将其转变为一个肃静的办公区②。除了大量免除税收以外，这一项目还包括将剧院的空间所有权给予第42街，允许这里的建筑达到远远超出区域法规所规定的体积和高度③。尽管开发商起初应当为广场地下的地铁改造承担费用，而这是纽约市最大最繁忙的地铁站，然而对它改造的计划却被搁置了。由一个公私合营机构第42街重建公司来进行这一项目的协调工作；作为纽约州城市发展总公司的子公司，其拥有土地征用权及无视城市区域法规的能力。240家公司的重置导致其中不少公司尤其是小公司的实质性困难。毗邻的科林顿居民住宅区抵

100

---

① 2008年投资银行高盛集团在炮台公园区剩余的地盘上建造了210万平方英尺的总部大楼。它早先在新泽西市已建了一个新楼，但事实证明并不受员工的欢迎。

② 描写时代广场改革的权威性著作出自萨加林（2001）。也见费恩斯坦（2001a）。

③ 在区域法规下如建筑物未达到规定的高度，则可获得空间所有权。未使用的空间所有权可以转移至相邻建筑上，因而这些建筑可以在建造时高于原本所允许的范围。

制这一规划，担心这将引起曼哈顿最后一个位于市中心的工薪阶层社区出现住宅中产阶级化倾向。

首先是一些公司抵制土地征用权并提出法律诉讼，紧接着20世纪90年代早期出现了经济衰退，受此影响，这次规划进行了大量的重新置换，因而具体实施遭遇了长时间的延宕。工程最终完成了与初期计划规模一致的办公楼群，楼的表面由活泼生动的灯箱广告所覆盖。项目要求新建楼应涵盖娱乐设施，这导致建成了一个比原先预想的功能更多样化的区域，包括出版社、娱乐公司、有名的法律事务所，以及大的金融机构和数目众多的俱乐部、饭店、电影院、正规剧院、酒店及商店。不可否认的是它经济上的成功，但它也是一个能够强烈反映企业资金使用愿望的项目，而且除了发给科林顿社区用于应对抗议的2500万美元以外，这一项目未向非精英团体提供任何直接利益。

反对新时代广场的大部分批评都集中在它的"进士尼乐园化"和将原先定位周围地区的粗糙元素都摈弃在外的特点。亚历山大·雷克尔这样说道：

> 第42街体现了公共空间的迪士尼模式，一种有序，克制以及主题化的环境。时代广场商务发展区的个人安全及卫生队补充了城市服务体系，这一体系试图在清洁、安全和秩序方面提高公众意识。第42街开发项目的政府官员与强大的开发商和企业投资商密切合作，其中也包括与迪士尼的合作，从而确定何种商业文化产品落户街道，以及它们可以如何展示自己……如此，第42街和时代广场真正变成了迪士尼空间。（雷克尔，1999：175）

尽管对一个地方真实性的评估是相当主观的，但我仍将对雷克尔担忧时代广场变得过于有序和克制的看法提出异议。它仍是一个各色人群挤在人行道呆呆注视楼外广告牌以及抬头可见的制片厂正在进行音乐电视制作的地方（萨森和罗斯特，1999）。有所改变的是，虽然这一地区的原住户仍在附近逗留，但他们已被那些之前极力避开这些街道或在路上从他们身边匆匆而过去其他地方的中产阶级人群在数量上赶超。时代广场从多元性的尺度来衡量是不逊色的。实际上，重建项目的设计将广场变成了一个试图吸引大众的区域。2009 年，时代广场部分成为行人专用，所提供的座位大受欢迎，使用率很高，原本的车行道也都安放了座位。当代街景与时代广场万豪酒店的周边地区形成了鲜明对比。万豪酒店于 1985 年建成，外墙没有门窗，楼上建有大厅，总体外观像个防御堡垒。然而万豪酒店代表了当时的流行观点，即游客只愿参观位于市中心的具有明显防御性的独立场所，而改造后的时代广场秉承的理念是"生机勃勃的街道是令人向往的"。进一步说，在 21 世纪初，提供娱乐设施如电玩游戏厅、放映厅电影院，以及主题酒店的目的在于迎合大众口味，这与一百年前是一致的。

102

　　雷克尔更好地捕捉了这一开发项目引出的关键问题，他谈道：

> 　　时代广场的重建说到底是因为认识到可以从西 42 街的房地产开发中获取巨大的利润……正是经济上的潜在因素促使各项重建工作的坚持。这也解释了为什么房主们不得不利用土地征用权将城里最糟糕街区的房产卖掉，因为他们目睹了他们的房产在未来开发办公区方面的价值而非当下的使用价值。（雷克尔，1999：173）

尽管公共补贴的总数很难计算，其包括征地费、基础建设维护费及税收减免的费用，但数额是巨大的，必定超过了 10 亿美元①。

---

　　① 　计算中出现的问题在于历经多年之后，很难预计未来的税捐收入以及城市参与的收益价值的份额有多少（某种程度上这二者成反比）。约翰·莫伦科夫（1985：13）曾估计如果花费预算为二百亿美元，则由城市税收优惠造成的财政收入减少将达到四亿美元现值。考虑到现有楼盘的清空及新楼盘的填充而造成的很长一段时间的税收中断，他很可能对此有所低估。

时代广场的重建对 20 世纪后期的纽约经济发展做出了贡献，并协助城市经济向更强大的娱乐和旅游板块转型。由于休闲产业是劳动力密集型产业，或许这种新的功能提供了更多的就业机会，使得底层的工人能通过竞争获得工作[①]。然而同时，重建又大大增加了科林顿社区的压力，社区里居住着很多在餐馆工作的工人，他们经常在清晨才得以下班回家。这样，他们的工作收入与住房及交通花费相抵。

42 街西区的保障性住房项目本将成为另一个更加公平的开发计划。这一区域已为低收入和中等收入居民建了两栋塔楼[②]，但本应提供更多的公共空间。而办公楼本没有必要如此庞大，导致人行道一直拥堵不堪。城市与办公楼建筑的开发商之间的协议本应要求利润的一部分应专项拨给科林顿社区的居民，因其几乎直接受到该项目的影响。

从城市整体来看，相对于其市中心的地理位置及可达性而言，时代广场地区并不够发达。对它进行升级改造是众望所归，但牺牲众多公共资金却在公平性上不足以服人。曾有人断言称若无纳税人的支持，开发公司将不愿在城里如此不受欢迎的地区进行办公楼的开发。补贴原本是为了减少开发成本，使其以更低的租金水平来吸引居住者的到来而不是使其退避三舍。然而结果却是办公楼俘获了高端房客并使他们支付高额租金。尽管城市在某种程度上分得利润的一部分，因为其通过土地征用保留了土地所有权并从业主手中收取了升值后的租赁款，但开发商还是保留了大部分利润。正在如炮台公园区项目（及世贸组织）的实例中，

---

① 大型酒店和餐馆在纽约成立了联盟。这样，尽管不断扩大的旅游花费不及工资中位数，从而使大部分低端就业岗位得以建立，但与其他行业的服务业工人所得相比，他们的回报仍相对较高。然而，他们的收入仍远低于联盟行业里的工厂工人。见格莱斯顿和费恩斯坦（2003）。

② 这些建筑的居住人群主要限于娱乐行业内。尽管原始定位为高收入人居民居住，但原始规划破产之后市政对其接管，并利用联邦法第八节规定的补助为低收入居民使用它们提供资金支持。

土地公有制意味着利润不是完全私有化，这是纽约甚至更广泛意义的美国城市中各重建项目极不寻常的后果。

雷克尔（1999：177）认为整个改造区域都受一个孤立的权力机构——第 42 街重建公司的控制，"它的建立是为了实施公共和私人精英的行动纲领"。尽管这一机构的确具有对开发项目的业务管理权，但具体方案还需征得市建设评审委员会的许可①。项目主体进行之前开展了激烈的游说和各方听证会，其间很多反对者对此项目进行抨击，认为项目太大，且赠予开发商太多权力，以及会迫使这一地区变得贵族化。而赞成者认为此项目将使这一地区恢复昔日辉煌，为市中心商业区的扩建提供所需空间，并成为整个城市未来经济发展的关键。媒体也对此进行了广泛讨论和报道。事实上，在过去 40 年间，除"9·11"之后世贸中心的重建项目外，对时代广场未来的商讨很有可能远多于任何一个其他项目。然而，显而易见，商讨并没能说服当权者改变看法。傅以斌（Bent Flyvbjerg）在著作中写道"权力定义现实。权力关心的是如何定义现实，而非去发现何为真正的现实。"

2001 年之后的纽约

2001 年 9 月 11 日世贸中心遭受攻击的后续影响以及那一年全国性的经济衰退造成了城市经济令人吃惊的短暂退步（切尔尼克，2005）。快速的经济复苏使新上任的市长迈克尔·布隆伯格有胆量实施一个雄心勃勃的重建项目，回到早期的市区重建时代。在发展经济中作风强硬的副市长丹尼尔·多克特罗夫的协助下，布隆伯格发起了为数众多的大型项目并拟定了名为"纽约规

---

① 这一组织现已不存在，因其未遵照一人一票选举制，因而被宣告与宪法相违背。它的成员包括市长、五位区长（代表完全不同规模的选区）、市议会主席及审议长。

划 2030"的规划方案，着重强调环境的可持续发展①。

这一独立的工程项目与摩斯的市区改造做法的不同之处在于，它是以经济发展和环境改善而并非消除衰败和清除贫民区的名义进行城市改造，因而是合理的。项目实体在外观上吸取了简·雅各布斯对市区重建框架下城市规划造成的呆板沉闷进行的猛烈抨击，在很多情形下既具有复合功能又保留了道路网格系统。即使这些重建在外观上并不具现代性，但却达到了功能上的效果②。正如在市区重建的第一个阶段中，它们呈现的是一个建筑大师的印记而不是以社区为基础的规划。市民的参与仅限于在公共听证会上作证，听取规划制定者的阐述，以及由社区委员会对受影响的地区提供的建议。除土地使用审批程序提出的极少的要求以外③，并无立法规定对社区意见付诸实施。就公共支出而言，最大项目之一是四项运动设施的建设：为洋基和大都会棒球队建的新体育场，为喷气机队建的足球场，以及为网队建的篮球馆④。新洋基体育场的开发提供了一个利用经济发展的合理化来掩盖非正义的极端恶劣的实例。

洋基体育场

洋基体育场一直为私有建筑，直到 1972 年被纽约市宣布为不安全并被接管。市政购买了这座体育场，原因是洋基队的老板们曾威胁说如果它不被翻新，他们会将洋基队搬到别处（布鲁曼托，1972）。市政同意翻新体育场并最终花费了超过一亿两千五百万美元才得以完成，花费达到初始估算的六倍之多。当时市政对这笔投资提供了两大理由：保留洋基队将有利于经济发展并将

① 见安戈蒂（2008）对此规划的评论。这一规划的具体内容可见网址 http://www.nyc.gov/html/planyc2030/html/plan/plan.shtml。
② 见司各特（1998）关于专制型现代主义全盛期的评论。
③ 土地使用审批程序需要一系列审批以及地区社区委员会的详细审查。
④ 撰写本文之际，三个体育场馆已完工，但由于开发商森林城市拉特纳公司在获取资金方面出现问题，因而导致网队的球馆建设延期。

激励西布朗克斯区的物理环境改善。然而由于成本超限，原本已承诺的社区投资只得从财政预算中扣减。30多年后，这两种论述仍然是在洋基体育场进行一笔更大市政投资的正当理由。

20世纪90年代，在朱利安尼政府的管理下，洋基队曾再次威胁要搬离纽约，并要求允许搬到哈德逊河沿岸的曼哈顿市中心。市政府提出与之抗衡的计划，提供六亿五千万美元用于现有场馆的改善及毗邻的"洋基村"和车站的建设。布朗克斯区的居民则要求实施一个交替复兴计划，包括建立一个新的警察学院。公众认为它将为实现地区的安全及为全年经济发展做出贡献的双重目标服务①。然而，市政部门声称，尽管其可以负担提供给场馆的补贴，却无法担负这一复兴计划。由于体育场所有者与市政府的选址意见不合，对体育场项目的讨论中断了。

2006年市议会最终批准了在布朗克斯区建新洋基体育场的方案，与现存的体育场毗邻，新体育场的建设在之后不久就投入使用。洋基队在场地选址上的成功加之南布朗克斯区看法的改进为比赛的座无虚席做出了贡献，也使得洋基队放弃了反对将体育场建在同一地点的想法。然而，洋基队想要全新的设施来容纳可以获利的豪华包厢及将商店和餐馆融为一体。新会场开放于2009年，起初是纽约申请成为2012年奥运会举办城市（后来没能成功）项目的一部分。其成本起初估算为八亿美元，但后来增加到十亿三千万美元。理论上讲，新场馆的建设费用由洋基队担负，但其通过免税公债券筹集了资金，且后来的抵税支付被用于偿还债券②。除此之外，市政府和州政府直接承担了新车站、两个需

---

① 这意味着将要把现有的警察学院从曼哈顿的繁荣区搬到布朗克斯。为警察学院重新选址的提议招致曼哈顿社区的强烈反对，社区欢迎继续保持让大量的警察学员在本地区内巡逻的现状。

② 既然棒球联合会允许球队从上缴联合会的费用里扣除它的资金支出，且洋基队在还清债务之前免缴房产税，因此球队的净成本很少。将13亿美元用于免税债券意味着州政府及联邦政府正通过利用债券持有人所得利息上缴的税收的亏损来进一步对洋基队提供补贴。

更换设备的新公园及容纳球迷的停车场的建设费用[①]。

很多布朗克斯区的居民强烈反对这一规划，因为新体育场将要落户的公园已被密集使用。尽管将提供替代场地，但其地理位置并不便利且场地并非由一个大公园而是由两个小公园组成。再者，新体育场不可能为周边的小商户带来经济利益，因这些商店和餐饮场所提供的商品和服务如今在体育场里就可以买得到[②] 107 （李，2007）。然而，抗议没能产生很多回应。洋基队同意接受一份社区福利协议，其规定四分之一的场地建设及其他工作机会将留给布朗克斯的居民和商户，将开展一项耗资 100 万美元的就业培训项目，其中一半的资金用于场地建设期间社区的外联工作。社区委员会原本拒绝了这一方案，但因此受到区长的责罚，拒绝重新任命投反对票的委员会成员[③]：

> "他（布朗克斯区区长阿道尔夫·卡里昂）的意思是说我们本该执行他的命令"，体育场建设的反对者玛丽·布拉辛盖姆回答道。她刚失去了土地使用委员会主席的职位。"你知道 108 吗，那个体育场看起来就像个噩梦。我们只有一个很小的公园，而他还要将它让出去。我们患哮喘的比例已很高，可他把存活三百年之久的树都砍掉了。这还是一笔私下交易，他正准备把店铺也卖出去。"（雅顿，2006）

---

① 2008 年用于支持洋基队和大都会体育馆而进行的公园、停车场、交通改善等城市基础设施建设的成本预计为四亿五千八百万美元，比 2005 年的两亿八千一百万美元有所上升。纽约州又额外拿出了两亿零一百万美元。这些还不包括由市政府、州政府及联邦政府给予两个队约四亿八千万美元的免税额。此外，尽管两个队都在为城市所有的地盘上进行比赛，但都无须负担租金（巴利，2008）。也见桑多米尔（2008），胡（2006），以及罗尼·洛温斯坦在市议会财政委员会（纽约市独立预算办公室，2006）的证词。

② 据报道，事实上头一个夏天新体育馆周边的服务设施生意惨淡（麦克吉汉，2009）。此外，针对社区为在 2006 年失去的公园所建的替代设施并未如期完成，直到 2011 年（德威尔，2009）。

③ 委员会只有咨询权，因而它虽表示拒绝但并不具备否决权。时任布朗克斯区长的阿道夫·卡里昂后来被奥巴马总统任命为白宫城市事务委员会主席。

在本章讨论的三个实例中，这一项目表现了对正义原则最大的不尊重。就公平而言，社区居民失去了一个宝贵的公园，而他们中很少有人能负担得起一场比赛的门票①。而社区福利协议虽然提供的福利甚少，现社区居民却可以据此对不愿接受的开发项目获得赔偿金。为当地居民预留的就业机会是低薪而且是季节性的，与现有的工作相比并没有真正呈现出量的增加。此外，这支最富有的棒球队却从市政府、州政府及联邦政府获取了巨额利益，并将所有从有利可图的豪华包厢及辅助的商业设施中获得的收入据为己有。尽管纽约大都会区的人口制造了全国最大的媒体市场，媒体对球队的大量报道却无一提及城市本身。拿着高额报酬的球员和富有的体育场主人大都不住在市里，因此，甚至他们所交的个人所得税都流向了别处。《纽约时报》总体上支持市长布隆伯格的经济发展举措，它曾刊登一篇社论，其中评论道：

> 洋基队拥有最丰富的联赛专营权，他们在贫困的南布朗克斯区打了大半个世纪的比赛，却未对社区做出多少贡献……如果目标正确，经济发展会是件有益的事。市长迈克尔·布隆伯格的管理已进行了一些有价值的投资项目……但主要的职业球队无须帮助。政府官员们应从能力的角度进行协商而非在职业球队对纽约的规划方向表现出兴趣时就随时准备出让商铺。（《纽约时报》，2005，3 月 27 日）

109

这个项目最易引起不满之处在于，即使从刺激经济发展的角度上考虑，政府开支进行体育场建设也是毫无成效的。因这类投资很典型，支持者便夸大了洋基队在承担花费方面做出的贡献而

---

① 大多数座位都被季票持有者占有（桑多米尔，2008）。单张头等座的个人购买价为 500 美元，当球票未按预期价格卖出时，个人购买量大幅下降。普通场地票价为 375 美元（http://www.mlb.com/nyy/ballpark/seatingpricing.jsp）。洋基队的确承诺为社区组织保留数额有限的座位作为社区福利协议的一部分。

并未充分说明由政府签署支付的那部分数额。自从那些体育场的支持者如今都已意识到，调查表明洋基队对这些项目的开发做了极少的贡献后，他们只好说体育场项目提升了城市形象，从而产生了利润。尽管这样的争论对二线城市或许是有效力的，对纽约却并不适用。此外，考虑到纽约媒体市场的重要性，扬言要撤离不意味着要当真这么做。因此，体育场项目是不存在公平性的；很显然它也并没有促进多元化，原因在于它所建的场地对于不够富有买不起票的民众是完全封闭的；另外，就民主性而言，当地社区在决策制定过程中是被忽略的。只有在选举出的官员支持新场地建设的情况下，公众才作为代表参与进来，而如果政府债券受公民投票权制约的话，它们很可能会无法通过①。

是否有更正义的手段让洋基队获得最新的设施呢？答案是肯定的。洋基队本可以利用自己的资源承担新场地的建设费用，从正规的资本市场贷款而并非利用免税公债券（新的联邦条例不再将其用于运动队的建设）。另外，洋基队本可以在旧场地原址上而非公园里进行重建。场地重建过程中，棒球队可以在皇后区的老谢伊体育场进行比赛，大都会棒球队现正将此地腾出用以新设施的建设。当地社区委员会本可以参与到新场地建设的规划中。场地内的辅助性商业设施可以由当地承包商而非全国连锁店经营。既然体育场的建设用地归市政所有，就应当收取租金，且洋基队应缴纳税款而不是使用抵税支付来偿还债券。更多的比赛门票可以拨给社区组织。这一复杂交易结合了免税、免税债券以及各级政府（包括大纽约交通运输管理局将为体育场建一个新公交站）的资本支出，这使得准确估算此项目的整体公共成本变得困难。显然此项目囊括了几亿甚至几十亿美元的公共基金，否则这笔资金可能会投入到学校建设或更迫切的公共交通需求方面。此

① 纽约的普通责任债券必须提交给选举人，但特定收入来源的债券不必如此。在此情形下，将由球队而不是通过税收来支付还款。

外，与炮台公园区和时代广场重建项目不同，市政府虽进行了大量投资，却并未参与获取此项目的总收入。

纽约市的正义与非正义

20 世纪 70 年代中期的财政危机之前，纽约或许是美国所有城市中最主张平等主义的。工会在城市政治中有很大的话语权；免费的城市大学体系独树一帜；公立医院的庞大网络使医疗保健广泛普及；社会服务项目发展成熟；公共住房项目的开发规模使美国其他城市当局相形见绌；城市公共运输系统无与伦比；几十万中等收入家庭能够受益于米契·拉玛住房计划。一方面，纳税的中产阶级撤离到郊区；另一方面，公共部门不断增多。这二者共同加快了纽约陷入财政危机的步伐。既要求平衡预算，又需严格限制联邦资助，这使得财政紧缩政策的实施在所难免。两家商业主导的董事会担负起恢复预算偿付能力的职责；而预算的削减主要落到了再分配项目上。

接下来的几十年，市长政策的重点放在了促进增长及缩减福利救济人数方面。曾发生在林赛时代的鼓励市民参与的政策逐渐暗淡下来。尽管随着白人中产阶级的不断迁出，不平等也随之增长，但移民政策带来城市的人口增长并使其变得更加多样化。朱利安尼的行政管理被广泛视为对非裔美国人含有敌意，但却欢迎新到来的移民而且不排斥非法入境。

2002 年迈克尔·布隆伯格当政后，黑人和白人间的紧张关系得以缓解。不是所有他支持下的开发项目都像洋基体育场那样违背对正义的诉求。值得称赞的是，布隆伯格政府延续了科赫市长对经济适用房的建设承诺并利用政府自身的资金预算促成该项目的完成。然而与此同时，这之前几十年内所创建的住房补贴政策期满终止，受此影响，更多的住宅单元从低成本住房经营中撤出而非增多。当这些楼群归私营公司或居民共同所有时，一旦时机

111

成熟，推动市场价格机制就势在必行。从这三个案例中都能清晰地发现，保留土地公有制有可能使政府在公私合营企业中获得一部分利润并可以阻止经济适用房的流失。然而正如洋基体育场项目所呈现的，理论上的可行性并不意味着在实践中也行得通。

　　总体上讲，1975 年到 2010 年的 35 年标志着纽约市向全球化城市的转型。但这一转型是以更大的不平等及民主性的逐步减弱为特点的。尽管如此，由于来自世界各地的两百多万人补充进了原本处于荒废状态的社区，城市重新充满了活力。此时此刻，要阐明 2008 ~ 2009 年经济衰退所带来的持续影响还为时尚早。迄今为止，上层投资银行家做得非常出色，因而纽约的房地产市场尽管遭受重创，却不似国内其他地区般蒙受损失。就公平、民主和多元性的标准而言，纽约市在多元性上的表现最为抢眼，而在公平和民主上呈现下降趋势。这一整体走向在近几年里几乎不会改变。 112

第四章

伦 敦

在城市重建项目的历史上，伦敦介于纽约模式和北欧大陆城市模式之间，表现得比较中庸。与纽约相比，它拥有更多积极分子及再分配的公共部门，且其允许以党派为基础的项目开发，因而体制结构与美国有很大区别。一方面，伦敦越来越看重基础设施改善而并不一味追求公司作为推进开发项目的基础。另一方面，伦敦的主管部门模仿了纽约的做法，利用私有化、公共补贴，以及金融松绑等政策推动房地产投机及创业，因而在 20 世纪 80 年代，它像纽约那样放弃了在社会福利政策方面的早期承诺。

城市规划与开发（1945～1979）

二战之后，伦敦像纽约一样进入了对清理妥当的地盘进行积极重建的时期。当然，纽约并没有受到轰炸；而对于伦敦，拆除受到德国进攻并严重损毁的楼群显然更加必要。两个城市都有大量不合规格的楼群，因而如纽约的贫民区清理一样，伦敦的首选方案是对即使未受战争破坏的房屋也进行住房改造。社会福利住房由中央政府资助，但归地方政府所有并承建。这部分住房到 1970 年已占内伦敦地区房屋库存量的 30%，且在接下来的 10 年里继续增长（巴克和 N. 费恩斯坦，1992）。① 这些社会福利住房（廉租公房）主要集中在大片土地上，很多是混凝土高层建筑，与传统的伦敦房屋大相径庭，且越来越不受欢迎。然而，与纽约公共住房只限于贫困人群居住的情况有所不同，具有相当广泛代表性的工薪阶层和中产阶层均住在伦敦的廉租房里（哈姆内特，2003）。

英国从战争影响中复苏的进程缓慢，经历了多年的经济不景气。伦敦的经济也同样举步维艰，虽然外都市区的居民有所恢复，但大伦敦却失去了大量人口。即使人口总量在下降，大批来自英联邦国家的移民却涌入内伦敦区，导致了"市区难题"（巴克等，2002）。为缓解困境所进行的几项规划（例如城市规划，综合社区规划，社区开发设计）模仿了美国的示范城市计划和对贫困宣战的计划，但都资金不足，短命而终（劳利斯和布朗，1986）。② 尽管大伦敦市议会的建立代替了伦敦郡议会，前者有权建造社会住房，开发高速公路及对城区提供规划指导，但大部分的规划职权都由 33 个市镇议会保留，因而产生了完全不同的实施办法。

直到 20 世纪 70 年代，英国的政策才将目标确定为将人口和经济活动从伦敦转到新城镇。当迁出开始以惊人的速度进行时，这项政策又发生了扭转。起初由于保守党政府放松了对信贷的限制，70 年代办公楼炒楼热一发不可收拾，随后的工党政府又鼓励经济活动的重新集中化③。罗伯特·摩斯所引领的经济增长是无

114

① 到 1981 年，由议会与房产建筑与管理协会所有的房屋库存量共计约达到内伦敦住宅总量的一半，外伦敦住宅总量的 30%（哈姆内特，2003，表 6.1 和 6.2）。内伦敦指最初的伦敦郡议会所覆盖的地区，而外伦敦是指内伦敦与城市周围的绿化带之间的区域。内外伦敦合并组成了大伦敦议会的管辖范围，由大伦敦市政府接替执政。城市周边绿化带以外且现已成为城区一部分的区域被叫作外市区。
② 英国的接班人计划包括都市挑战方案，单一再开发预算及社区新政。
③ 工党将着重点放在复兴制造业与改善低收入区方面（劳立斯，1989）。见巴克、高登及扬（1986），安布罗斯（1986），安布罗斯和柯尔内特（1975）对当时城市政策及房产开发的描述。

人能及的，而且，尽管建立大伦敦市议会的部分动机是为了形成一个在大城市内部建设现代高速路的权力机构，然而在对所规划路段的激烈反对下，这些高速路没能建成（费恩斯坦和杨，1992：214）。无论怎样，伦敦从未获得任何可以与摩斯的高速公路系统相匹敌的规划。许多社区免遭破坏，一些新地铁线路也得以修建，但交通拥堵及公共交通出现的问题在随后几年变得严重。与纽约相比，伦敦针对环境保护所采取的规章制度是极其严格的。

与纽约类似，伦敦也在 20 世纪 70 年代中期遭遇了由不断提高的利率和不断减弱的需求引起的商业地产市场的破产。当地中产阶级纳税人的离开及低收入家庭对服务的依赖致使当地政府持续加强财政紧缩政策，使得服务交付变得困难（牛顿和卡伦，1985）。其造成的后果与纽约类似。由大型房地产机构对低收入群体进行安置，地点通常聚集在低收入住宅区。居住在伦敦西区（就人群组成而言相当于纽约的上东区）及郊区市镇的上层收入群体成功驳回了政府想要在他们小区里建造福利性住房的想法。

在英国高度集中的中央集权体制下，主要配置决策都由中央政府来决定。大量资金都流向了房产、国民医疗保健以及收入扶持。因此，尽管为服务业提供资金有困难，但伦敦当局基本不必像纽约一样需要依赖本身的资源应对资金缺口带来的负担。此外，倾向社会主义的工党在议程上仍明确表示支持社会房产开发项目，并在当保守党控制政府迫使其支持再分配政策时对政府施压①。因而，无论哪个党派当政，到 20 世纪 70 年代末时，房产政策已非常一致。

115

---

① 战后的政府权柄在工党和保守党之间来回转换。工党的执政时期分别为 1945～1951 年，1964～1970 年，1974～1979 年，以及 1997 年至今。历时最长的一党统治发生在撒切尔夫人主政时期，当时保守党当政 18 年之久。

政策转型期（1980~2009）

1979 年玛格丽特·撒切尔赢得大选并组建保守党政府，这标志着英国城市政策方向的急剧变化。政府放松管制及引入市场机制在伦敦不仅调动了经济强劲增长的态势，也增加了其不公平性。到 20 世纪 80 年代，房产开发商凭借贷款，通过建新楼群以适应办公空间需求的增长，以此应对金融业在全球经济中日益增长的重要性。1986 年，金融松绑这一具有轰动效应的大变革激发了多家金融公司的扩张。

政府建立了企业振兴区及城市开发公司为经济发展劣势地区吸引投资。在企业振兴区内实行税收减免和放松管制政策。城市开发公司成为其管辖权区域内的规划主体，权力高于地方。东伦敦区为城市最贫困的区域，于 1981 年部分被置于伦敦码头区开发公司的保护下，而其中的犬岛成为企业振兴区。规划的重点显然从利用社会福利政策消除穷困转向了为企业，特别是房产开发企业提供激励机制。正如英国首相撒切尔夫人的环境事务大臣所说①：

> 伦敦的未来取决于私营企业、个体市民及公私企业间的有效合作，而非政府强加的总体规划。土地使用规划进程的作用是为了在加快发展的同时保护环境（英国环境部，1985：5）。

116

因反对大伦敦市议会中工党对社会事业的拥护，撒切尔政府撤销了这一机构，也因而取消了这一地区的主要协调机构。在市

---

① 在撒切尔夫人执政时期，伦敦地区的规划权集中在国家环境部，而后者原先只有否决权。当时大伦敦发展计划的准备工作只在城市层面进行，直到在撒切尔夫人的领导下才于内阁层面展开。负责城镇规划的内阁部门更名频繁；2008 年它被命名为社区与当地政府部。交通规划项目转移到新的交通部，然而之前这二者同属一个部门。

长肯·利文斯顿的领导下，大伦敦市议会反对撒切尔夫人支持派在城市规划、交通、社会福利及提高财税收入方面的政策（费恩斯坦和杨，1992：213）。对伦敦而言，它的终结与纽约在财政危机之后所实施的外部财政监控政策具有同样的效用：这一举措重新调整了政策方向，使其从对低收入群体的直接援助转向"滴入式"策略。和纽约一样，利用金融业确保其全球化城市的地位，已成为几届伦敦市政的主要发展目标。而通过对房地产业的激励机制实现物理上的重建则成为实现手段。

富裕人口数量的增多给住宅房地产市场带来了日益增大的压力。部分需求通过新建房屋得以调节，尤其在东伦敦先前的贫民区；但由于住宅的中产阶级化在市区内蔓延，大部分的需求是在转换工薪阶层住所的过程中被消减的（哈姆内特，2003）。"购买权"计划使家庭住户获得了价格理想房屋的所有权，带来了更多极具吸引力的公共住房存量的上升。这一计划的目的在于增加许多低中阶层家庭的优势，同时降低保障性租房的可获得性及社会住房的剩余化。

撒切尔夫人当政改变了伦敦，使其变成了一个更有吸引力、更富有的城市，但与之前相比，也更不平等。日渐繁华、就业率增长、政府干预的终结，以及移民共同带来了人口的再次扩张。20世纪80年代两个完全不同的规划——码头区再开发项目和可茵街的开发展示了那些年里对规划的不同推动力，既反映了撒切尔政府的抱负也显示出伦敦仍存在对抗性力量。

码头区的重建

伦敦码头区开发公司利用廉价土地、免税、放松监管等激励政策在几乎空置的东伦敦码头区内推动投资[1]。码头已被丢弃，

118

---

[1]　此部分概述了费恩斯坦（2001a，第九章）的案例研究。

航运业早已迁离到现代集装箱化的港口设施中，因而沿岸的大片区域已被废弃。河区的居民住房几乎都是政府福利房，由于航运和制造业的迁离，这里的失业率居高不下。尽管先前的工党政府曾设想沿河岸建造额外的廉价公房及轻工业设施，然而保守党却希望建成办公室、酒店、展览空间及市价住宅。尽管如此，除了简单回应开发商的方案外，伦敦码头区开发公司对于究竟何去何从却没有明确观点。

在 20 世纪 80 年代的繁荣鼎盛时期，资金涌入这一地区。自 1981 年至 1992 年，新增了超过 16000 套住宅单元，其中近 80% 的房屋都按市场价格购买并由业主自住（伦敦码头区开发公司，1992）。然而，这一地区保留了由议会和住房委员会持有的 13000 套住宅，其中大部分都在这一时期得以升级改进。因此，河岸区的居民从原来单一的低收入和工薪阶层转变成混合收入阶层，从而使这一地区更加多样化。由于大部分中产阶层和上层居民迁入新建的公寓楼，因而，就直接搬迁的意义而言，并未出现住宅中产阶级化现象，而保留和改造现存的社会保障性住房使其呈现物理性改善并为居民开发了更多有吸引力的公共空间。然而，由于社区的新型混合特点引起许多原有居民的不满，这一转变突出了其与日俱增的多元性的模棱两可。表现出的消极情绪并非是对居住环境客观上变得恶化的一种回应，而是码头工人及工厂工人对失去了老社区的文化支配权的一种反应（福斯特，1999）。多元性作为界定一个正义城市的特点之一是棘手的，原因在于，尽管它可能是一个理想的最终状态，然而实现它的道路却充满了陷阱。

伦敦码头区开发公司的方案改变了码头区的经济基础和人口结构。尽管起初预计只在本地区开发一个二级办公区，但一家美国财团首先表现出兴趣，后来它退出后，又由曾建造纽约炮台公园区世界金融中心的加拿大建筑商奥林匹亚·约克地产公司接手，提高了开发潜力。奥林匹亚·约克地产公司致力于到 1992

年建成占地面积 460 万平方英尺的办公区，以及随后在金丝雀码
头再建造 700 万平方英尺（国家审计署，1998：19）。① 此外，公
司保证雇佣当地建筑工人，为建筑培训学院的运营提供经费，为
当地学校和大学建立信托基金，并为码头区轻轨铁路及银禧延长
线的建设做出贡献。这项投资是一场昂贵的赌博，原因在于其试
图将 A 级办公空间（即空间建造达最高标准）安置在一个下层阶
级的聚集区而且远离伦敦市中心的商业核心区。的确，奥林匹
亚·约克地产公司并未在这场赌博中得到好结果，公司因此破
产。直到 20 世纪 90 年代早期的经济衰退之后房地产市场重新恢
复，金丝雀码头建筑综合体才开始重新活跃起来。2009 年，担任
码头主要租赁者的几家金融公司岌岌可危的态势使其未来发展似
乎难以确定，不过可以确定的是它将继续作为主要的办公中心。

　　金丝雀码头的首次开发失败是因为市场经济不幸正处于衰退
中，而且奥林匹亚和约克公司采取了具有冒险性的资金支持策
略②。尽管政府当时已花费大量资金试图修建一条通往开发区的
道路，但公司拒绝承担在建筑综合体修建之前先将公共交通落实
到位的先期费用，这就意味着人们没有可靠的道路赶去上班③。
最终的后果是公司不愿再承担码头的开发。对此批评家认为，即
使公司未破产，建成的办公区综合体也不会为伦敦东部的失业居

---

①　自 2008 年 9 月起，在 97 英亩土地上建起了近 1410 万平方英尺的办公及零售
空间。这项开发包括 30 多栋大楼的完成体及在 4 个零售商场里建起的 200 多
家商铺、酒吧和餐馆。此外，还建有一个会议宴会中心、两个码头区轻轨站、
一个银禧线地铁站、停车场，以及面积约 20 英亩的风景宜人的开放空间。约
有 9 万人在此工作。（金丝雀码头集团，2008）

②　奥林匹亚·约克地产公司没有依靠金融机构的贷款，而是自行发行了短期商
业票据。尽管这种集资的方式减少了成本，但意味着当公司出现困难时，将
无法重新投放票据。

③　建筑群开放后唯一的交通衔接是并不完备的有轨电车系统——码头区轻轨。
奥林匹亚·约克公司已承诺支付银禧地铁线到此地的延长线的大部分费用，
却未能履行承诺。最终政府延长了这一地铁线路，这项开发吸引了主要租户
的到来，且金丝雀码头集团以低于建筑成本价购买了这一建筑群，并向政府
偿还了地铁线建筑成本中应付的份额。

民提供适合的工作机会。

就码头区开发项目是否增强了公平、多元化和民主这一议题而言，在做出评价时既要考虑到做评判和认定地理区域的时间跨度，又要将当时伦敦经济上所受的约束考虑在内。起初这一大型项目为该地区低收入居民提供了相对较少的直接利益。然而，由政府出资支持，受开发影响的各区代表组成的码头区咨询委员会为了得到更多的社会支出而向码头区开发公司施压，最终，开发公司投入了 1 亿美元用于社会和社区发展，约占净支出的 7%（剑桥大学研究学会，1998）。① 这是除了开发商在就业培训和公共空间支出以及住房协会和议会在改善现有社会福利住房支出以外的资金投入。尽管就业率的增长给原有当地居民带来的益处在多大程度上直接源于新的开发项目还很难估算，但很显然，银禧延长线提供了可以从这里去伦敦其他区域工作的连接线，这一连接意义重大②。此外，银禧延长线增加了码头区居民除上班以外去市中心的概率，这显然是有利的。

码头区公共投资最主要的受益者是房产开发商、落户在此的公司员工和以相对不高的市场价格购买房屋的新自有住宅户。码头区开发通过建立第三个中心商务区缓解了伦敦西区和城区的拥堵并增强了伦敦作为全球金融中心的地位，因而也惠及整个大伦敦。要评价伦敦码头区这样一个大型区域的改造对公平

121

---

① 约半数支出在教育和培训方面，在 1997 年人口总量中数额达每人 1350 英镑；它被用于城市开发区的所有学校及医疗中心的改善。约有 44% 的支出投入到社会福利住房的新建和升级中（罗兹和泰勒，1998：38~39）。

② 地铁线延长背后的理念是将工人从伦敦市中心迁至码头区。事实证明，市内铁路各线的旅客运载量远高于先前的估计，这表明这些列车正将一度孤立的伦敦东区居民带入城市的其他地区。由于对在附近就业的当地居民数量的统计调查方法未能对新老住户进行区分，因而无法估计有多大规模的原有居民现就业于办公楼群。而且，尽管在码头区建设开始后的四分之一个世纪里，因船运和制造业的离开而产生的失业者使劳动力数量不可能始终保持不变，然而其子女中的许多人却可能已得到培训，足以胜任新办公室里的工作。

性的影响，我们要弄清，与整个城市所获得的利益相比，本地区居民获得利益所占比重。然而，从长远来看（1980～2008），我们并没有发现当地居民受到了开发项目的伤害，他们反而能够从住房、医疗及教育方面获得具体的好处。随着项目的开展对开发商为社区利益做出贡献提出日益严格的要求，并使这些要求在 1997 年工党政府上台后具有合法效力，这些会带来更大的公平。

伦敦码头区开发公司在 1998 年解体，开发区的规划权重新回到地方区政府手里。码头区开发公司在早期并未形成社区协商机制，因而被看作是一个无视当地居民福利的专横非民主机构。然而 1987 年之后，它开始与各区政府进行协商并就社会福利项目达成一致意见。在其当政的最后几年，虽未曾建立任何正式的协商机构，却着力增强与各区间的合作，为随后在全伦敦确立起越来越多的社区－商业机构－政府间的伙伴关系树立了典范。布朗尼尔、拉扎克和科昌曾评价码头区开发中社区参与的作用并总结道：

> 社区权力和影响力总体上是沿阶梯上行的，但这一趋势变化无常……可以发现其增强了对运营事项和社区开支的影响而对战略决策却没有。

三位作者进而对伙伴关系模式是否真的赋予社区组织实权还是仅仅将它们作为成员吸纳进来表示了怀疑。

民主和公平的议题影响所有的开发计划，使得这些计划在社区福利协议上得以修改。而这一议题由于布朗尼尔、拉扎克和科昌怀疑社区组织是否对战略决策产生影响而变得更为突出。码头区开发的总体方向（正如在前一章中谈及的纽约项目）由高层权威官员决定，在英国，则由首相亲自决定。这些领导致力于自由市场理念。无论政治家是否受到商业团体的直接影响，这种理念都需要着重强调投资者的利益。布朗尼尔、拉扎克和科昌描述了工党领导下的各区议会与伦敦码头区开发公司之间的敌意如何随时间流逝而得以缓解，部分是由于开发公司做出了让步，部分是各区议会采取更加战略性思维方式的结果。他们的描述指出了地方行为既有潜力也有局限性。通过动员和政治上的回应，低收入社区能够获得开发商和政府赞助的让步，但在竞争性的全球体制下和私有化的国家意识形态框架中，他们几乎无法改变为商业利益提供激励机制以确保它们对房产开发进行投资这一战略重点。换言之，他们能够从具体的项目中获得积极的结果，但很少能决定项目开发的类型。因而，要建立地方政策的评价标准，我们至少要看到开发项目不仅对相对弱势群体没有造成伤害，更积极一点的话，还要看到他们获益的程度。如果依据这些标准来判定，伦敦码头区的开发还是比较公平的，带有民主性的，也对多元性做出了贡献。然而，这一开发项目并非为低收入人群量身定做，因而并不能重新分配。

123

可茵街

可茵街代表了一个地方行为改变了战略决策制定的非常规案例[①]。这个位于泰晤士河南岸，地处市中心，面向威斯敏斯特大教堂及伦敦金融城边缘的地盘在之前的很多年里大部分时间都是闲置的，直到 1980 年新保守党中央政府提议对其进行混合使用的开发[②]。对此出现了两个有竞争力的方案：一个由理查德·罗杰斯爵士设计并由一家名为"灰制服"的投机开发商资助，这一方案倡议建造一百万平方英尺的办公楼、住宅、购物区及轻工业作坊；另一个方案由社区联合会提出，包括建造低租金住房，托

---

① 这也是一个中产阶级传统保护主义运动成功阻止对历史性建筑拆除的案例，科芬园的案例就是其中之一。尽管这种成功的社区动员并不能对利益分配做出典型改变，却加强了民主性。

② 这一案例的资料主要参照 1996 年布林德利、赖丁及斯托克的著作。

管式工厂以及一家大型超市。然而正当这些建议还在审议中时，大伦敦市议会的执政者却从保守党转变为工党，因而在 1982 年，它决定支持社区提议。最终灰制服公司将其土地权益出售给了大伦敦市议会：

> 开发商被相当有影响力的地方运动与大伦敦市议会的巨大政治影响力联合打败了。除了没能获得所有必要的许可（去实施它的计划）外，灰制服公司意识到它会一直面临社区的反对（布林德利、赖丁和斯托克，1996：85）。

一旦第二项计划得以盛行，一个建立在社区基础上的非营利性开发公司——可茵街社区建筑公司便得以成立。它以 75 万英镑的低价从大伦敦市议会手里购买了土地①，转而又以票面价值将土地出售给了合作住宅社，由其来担任住房开发商。房屋管理由合作住房协会来决定，但合作住房协会不享受公共住房低价出售政策，因而确保预留出一部分经济适用房的住宅单元。然而，就谁应当获得房屋优先拥有权却产生了分歧。朗伯斯区议会坚持按房屋轮候登记册的名单先后来排序，而可茵街社区建筑公司却想要将优先权给予为争取此规划项目已做了长期斗争的附近区域居民。此外，因附近地区的居民大多为白人，而朗伯斯区却实行种族融合政策，因而种族冲突也可能卷入其中。最终朗伯斯区获胜。

在新建的同时，可茵街社区建筑公司还赞助了著名的南岸地标性建筑——牛津塔的翻修恢复，以容纳工艺品店、小型博物

---

① 大伦敦市议会对这块土地设立了一些限制性条款，一些条款起初由它制定，余下的来自灰制服公司。这些条款大大降低了这片土地上建筑物的价值，因而也导致了土地价格下降。可茵街社区建筑公司从大伦敦市议会和大伦敦企业委员会获得抵押贷款。大伦敦企业委员会是由大伦敦市议会早先建立的一家协助当地商业发展的经济开发公司。停车设施及广告牌所得的短期收入将用来偿还贷款。

馆、公寓及高端饭店，而这些场所的收入所得将重新投资于可茵街社区建筑公司的项目中。此外，它还开发了加布里埃尔码头。码头原为临时性建筑，如今却成为当地企业独立所有的长久零售和餐饮区，为小公司提供服务。它为河岸地区及作为公共公园和一年一度的多民族节日庆祝地的环境美化做出了贡献。社区中心设有日托服务、学前班及校外活动。2008 年，可茵街社区建筑公司成功获批将一处停车场改建为公共游泳池及休闲中心、现代舞工作室以及一栋可售的包含 329 所公寓的窄高层建筑（CSCB 出版社发行，2008 年 8 月 20 日）。出售公寓所得用来支付休闲中心的建设和运营，但无法配备保障性住房："关于为何这一规划中不包含保障性住房建设（来自主管社区及当地政府的国家劳工部长），得出的结论其一是体育中心和游泳馆的建设并不包含公共费用，否定了建设保障性住房的必要性；其二是居民人口的增长将有助于当地的重建"（World Architerture News. com，2008）。

因此，可茵街社区建筑公司建造了这个它曾反对的高端楼盘，此举反映了伦敦南岸人口的变化并进一步为人口变化做出了贡献，具有讽刺意义的是，可茵街社区建筑公司的各项活动活跃了本地区，推动了这个原本被遗弃的南岸区，使其具有更大的吸引力。正如布林德利、赖丁及斯托克（1996：208 ~ 209）所说：

> 随着 20 世纪 80 年代中期备受欢迎的计划逐步得以实施，南岸新的开发压力显现，可茵街的规划风格出现了标志性的转变……到 90 年代中期，经过公共部门和私营部门的独立实施或共同开发，南岸已成为众多新工程及改善计划的实施区，可茵区也因此得以重新定义为一项示范性的开发项目及推动更广泛变化的催化剂。这似乎反映了以规划条款为地区需求量身定做的现代重建理念向"文化重建"为主的后现代

理念的转变。在文化重建中，艺术和文化被视为改变和更新的重点。

尽管休闲中心将为低收入社区提供娱乐设施服务，它也同时成为
南岸的新中产阶级居民的一项便利设施。

可茵街社区建筑公司最新的一处房产规划项目的成功似乎
代表了新工党的观点，在布莱尔及布朗政府的领导下，它包含
了许多保守党前任的市场导向策略。可茵街社区建筑公司的早
期规划形成了一个以公平性为导向的战略方向，据此，任何项
目的主要受益者都是低收入住户。在更新的开发策略中，政府
会对相对贫困的社区出让一个营利性企业，且逐渐加大的收入
差距意味着在再分配项目的发展中社区压力将有所减少，而在
惠及按市价购买的自有性住房及公共便利设施方面社区压力有
所增大。

谈到最初的合作住宅规划项目的成果，布林德利、赖丁及斯
托克（1996：63）认为它"完全基于大伦敦市议会肯·利文斯顿
政府的支持和干预"。此评论指出了当选官员的支持是参与式规
划项目的重要基础。就公平和民主而言对纽约和伦敦进行比较，
我们可以看出，正是根据对再分配做出承诺的政党纲领选出的公
共官员的所作所为才使更大的公平得以实现。然而，英国工党性
质的变化反映了对这一承诺的减弱及对城市政策定义中竞争性的
默许。2000 年大伦敦委员会重新成立，肯·利文斯顿压倒民族党
的反对，重新当选为伦敦市长。然而二者的回归并未重新恢复先
前激进主义的领导特点。正如他上任后这样说道："现任市长几
乎就是城市里讨价还价的小商贩……如果你无法证明你的政策实
现了增长，你的政策就行不通。"① 他任市长时曾在一次访谈中对
产生高度不平等的财政主导策略给予充分的支持并说道："这一

---

① 来自 2008 年 7 月 26 日与作者的访谈。

举措是独一无二的。这届政府（工党领导的）无法给予我在伦敦重新分配财富的权力……除了财政外，它（市长策略）还能着眼于什么呢？难道去重建制造业？你并不能创造这个世界，你只是生活在其中（梅西，2007：21）。"

布林德利、赖丁及斯托克（1996：210）得出结论："随着公众意见已被引入城市改造规划中，与此同时，受欢迎的规划已失去了它激进的优势（在伦敦）。"他们指出，随着规划进程变得更加公开和多元化，"社区"变得不再统一，不再致力于再分配政策，更易接受建立在设计与消费理念之上的更时尚的改造方案。因此，虽然可茵街最初的开发增强了民主、多元性和公平，而经过四分之一个世纪之后，民主和多元性仍然盛行，而公平却减弱了。这种转变在 2012 年奥运会项目的规划中更显突出，因此伦敦的成功申奥被视为肯·利文斯顿作为伦敦市长任期内的成就之一。

2012 年奥运会的规划

伦敦成功赢得 2012 年奥运会的举办权反映了对体育和壮观景象的注重在全世界各大城市中广泛流行。与纽约不同——其计划在曼哈顿西区修建奥运场馆的方案引起了对申办的强烈反对，而伦敦民众显然非常支持在此举办奥运。正当奥委会还在审议各种提案时，一场以广告来"支持申办"的公关活动席卷了这座城市。在民意调查中有 70% 的人支持申办，有 120 万伦敦市民在线上"支持申办"的请愿栏里签名，还有 1 万人表示愿意做奥运会的志愿者，伦敦申办的成功因此得以证明。据估计，在 2005 年 7 月，有多达 11000 人在特拉法加广场的大型电视屏幕前观看奥运会举办城市授予仪式（纽曼，2007）。

这座城市对奥运会的强烈支持来源于市长利文斯顿的想法。他认为将公共资金投入到这些活动中能够对提高经济竞争力做出

128

贡献并有重新恢复荒废城区的活力的潜能："在伦敦的申奥中，着重点放在了奥运会的遗留产业及后续效应上而非举办奥运会本身的内容及目的上（埃文斯，2007：299）"。然而，戈尔德（2007：29）的描述中这样说道：

> 主要问题在于无法保障将这些有吸引力的长期所得具体化，正如很多主办城市的经历轻而易举就已证明的一样。2000年悉尼奥运会和2004年雅典奥运会的举办在当时都受到了高度赞扬，但两个城市都因未充分利用遗留下来的场馆及各项辅助设施而背上了沉重的包袱。

另一更具说服力的，据称给国际奥委会评审委员会留下深刻印象的理由，是奥运会将促进伦敦的社会多元性。据英国首相托尼·布莱尔所说：

> 当我向人们谈及我们赢得2012年奥运会举办权的原因时，他们说最强烈的印象是对伦敦的描绘，那天我们做展示时讲述了一个关于伦敦的故事，这个故事是关于城市在未来是舒适的、开放的，我们都相信它的丰富性和强大力量将促成它的多元性，因而它是自信和无惧无畏的。

既然奥运会的直接影响是短暂的，在其中投入巨额公共资金的理由的重点就在于奥运遗产。这涉及五项"承诺"：

129

- 我们将使英国成为一个世界领先的体育强国。
- 我们将对东伦敦中心区进行改造。
- 我们将鼓励新一代年轻人参与志愿活动及体育活动。
- 我们将使奥林匹克公园成为可持续居住的蓝图。
- 我们将证明英国是一个有创造力的、包容性的和受欢迎的城市，既适宜居住、旅游，也适合发展商业。（英国文化媒体与体育部，2007）

　　然而获举办权的三年之后，这些承诺似乎变得脆弱。到目前为止，奥运会对参与体育运动的影响微乎其微，公共基金已经从用以建设全国范围内的娱乐设施转而用于建造奥运场馆①。对东伦敦区的改造因面临财政困难而变得问题重重。倡导在奥运村建成 3500 户住宅单元的规划在奥运会之后变成既包括市价住房又包括保障性住房。奥运村原本计划作为东伦敦纽汉区斯特拉特福德市镇的大型改造项目的一部分，将成为奥运会对重建项目的主要贡献。然而其实施却受到始于 2008 年的信贷市场危机的损害。澳大利亚联盛集团（Lend Lease）被选为奥运村项目的开发商。2008 年夏，联盛集团表明其无力筹集资金担此风险，它的欧洲区总经理也因此辞职。据报纸报道，奥运村出现了两亿五千万英镑的资金短缺，将通过公共基金来补足，且奥运村的规模将缩减约三分之一②。奥运会对东伦敦区的未来做出的另一项主要贡献是使其成为众多记者报道赛事的媒体中心。这项耗资四亿五千万英镑的工程最终试图容纳 5000 个永久办公室或工业岗位，但并没有开发商对媒体中心转作他用表现出兴趣（吉布森，2009）。更进一步说，对于耗资五亿两千五百万英镑的奥运场馆并无明显的未来可能的需求，因而它只能被拆除，或者不得不作为更小的设施仅偶

130

---

① 伯恩（2008）；临时代理咨询（2006）；伦敦市议会（2008）。继承奥运遗产的目标包括通过“到 2012 年为所有 5 到 16 岁的英国青少年每周提供 5 小时，所有 16 到 19 岁的青年提供 3 小时的高质量运动”来“以运动激励年轻人”，同时到 2012 年帮助“至少 200 万以上的英国人变得更加积极”。根据英国《卫报》（伯恩，2008）的一篇文章：“迄今为止进步如此微小（‘统计数据略有上升但仍少于 1%’，英国体育首席执行官詹妮·普莱斯说）以至于我们似乎不可能实现有 200 万人进入慢跑行列，能在当地健身馆里锻炼到闭馆的人就更少了。”后来另一篇出自《独立报》的文章（梅里克，2009）说道，尽管对奥运遗产的承诺对伦敦赢得奥运举办权至关重要，但到 2012 年要获得更多参与的进程却已止步不前，参与运动的人数出现明显下降，且下降人数在包括妇女、残疾人及青少年在内的目标人群中尤为明显。

② 《房产线》（2008）；希普韦尔（2008）；网站 GamesBid.com（2008）；威廉（2008）。

尔得以使用①。

由于未能按计划获得私营企业的资金支持，因而不得不增加公共支出的投入，政府受到谴责，人们指责其为赢得奥运举办权而有意低估预算。一位议会委员会的负责人声称原始预算"完全不切实际"（凯尔索，2008）。起初预算确定为40亿英镑，而到2008年成本估算已高达93亿英镑。委员会批评奥运发展署未对奥运遗产提供详细的评估，以及使用六亿七千五百万英镑的额外国家彩票基金，与先期投入的15亿英镑共同为增加的预算提供资金的决定。国家彩票基金是在首相约翰·梅杰的支持下建立起来的，它曾为全国的文化设施建设提供资金支持。资金转向奥运会这一结果意味着国内其他方面将有巨大损失。此外，原先的税收义务要求伦敦市民每户每年缴纳20英镑，现已增长至240英镑以支付奥运成本。这部分税收甚至加上彩票基金都不够。至撰写此文时，仍无法确定剩余的资金空缺将如何填补②。

如以公平性来评价申奥项目，它的得分很低。尽管它的结果是引导资源流向伦敦最贫困的地区之一，但除了某些在交通、基础设施及公园方面的改进外，此项目几乎不可能对当地有所改善。虽然一些保障性住房的建设将作为奥运村项目的一部分，但数量不多，而且由于其接受的是房产协会的补贴而非来自私人开发商的交叉补贴，奥运会并不能成为斯特拉特福德房产建设的先决条件。与此同时，据称奥林匹克公园的征地致使近500人、300多家企业搬迁（住房权利与拆迁中心，2007）。除此之外，巨额支出还包括从伦敦其他地区甚至更广泛的全国范围侵夺资源却未

---

① 特鲁里（2008）。因英国奥运组委会致力于将场馆用于田径赛事，所以它未能容纳唯一可能使用大型场馆的最重要足球队（如将跑道设置在场地周围则会造成观众与足球场的距离太大）。本文撰写之时，正计划缩减设施以便容纳25000名观众。

② 凯尔索（2008）；埃文斯（2007）；丁伍迪（2008）。曾试图通过缩小场馆规模或设计不必那么精致来减少成本支出。然而，仅靠减少成本并不足以弥补资金空缺。

给予它们除承办奥运的荣耀之外的任何益处。因此而产生的建筑岗位原本可以从任何公共工程项目中获得，而尽管伦敦已出现大量游客，然而因奥运被吸引至这座城市的游客可能会取代其他来访者。许多搬离的公司在距离原址很远的地方倒闭。那些拒绝被收购或重新安置的公司则被市长贴上"少数贪婪的商家"（纽曼，2007：258）的标签。这样，除了两周的奥运比赛期间产生的临时岗位外，奥运会或许并未给东伦敦市民扩大就业机会，甚至由于对商家的重新安置使就业机会变少。

就多元性而言，奥林匹克运动一贯声称其促进了国家间的相互理解。伦敦曾在其申请奥运举办权时特别提到城市的多元性和其受欢迎的特点。纽曼评论（2007：263）道，当伦敦代表团带领一群来自东伦敦区的孩子们将伦敦的标书呈递给国际奥委会并得到纳尔逊·曼德拉的认可时，他们正将其与"一个具有多元文化的城市政府所认同的更广泛的理念"联系在一起。尽管这一说法很难被反驳，但并无任何确凿的证据表明这样的国际赛事对城市的宽容贡献了力量。

无可否认，奥运会在伦敦举办是得到了广泛支持的，尤其是将举办大部分赛事的纽汉区，对此表示强烈赞同。这一提案是在联合规划委员会的构思下得出的，委员会包括伦敦发展局和一些有影响的区代表，他们组织了广泛的民意咨询。一旦赢得举办权，计划将被修改以减少土地征用（纽曼，2007）。如此看来，原始的提案构想可以被视为具有民主性的。然而，在国际奥委会和主办国组织机构（这里指奥运发展署）的保护下，奥运会的经营管理自上而下控制严格，并在内部设置了一个强有力的公共关系部。此外，与奥运会会址的物理规划截然相反，在公众参与资源分配的决策制定上并未体现民主。

大众对体育赛事的欢迎为批判性分析提出了难题。据莫里斯·罗奇（2000：168）所说：

马克思的名言——宗教是"民众的鸦片"应被修改以适用于 20 世纪晚期社会出现的表面看似非宗教性的文化……由此而论，遵循"运动是人民的宗教"或许更为合适。也就是说，运动提供了世俗化的（从社会学的角度看）但类似宗教的体验，例如神圣感和超验感，公共仪式和象征主义，以及集体戏剧和情绪性……运动日程表和经严格控制的比赛周期为大众提供了丰富的经验和各种形式的参与。

罗奇的论述具有本质上的歧义。通过首先引用马克思关于宗教的格言，接着描绘运动具有宗教的特征，他暗示了公众对体育赛事的兴趣是一种错误意识，它使人们无法专心于生命和生活中真正重要的事情。但关于运动可以提供丰富的体验和参与机会的说法表明真正的受益来自于运动展示。它用纯粹的马克思唯物主义理论来否认对运动队的支持可以获得的精神上的回报。因此，在判断申奥是否代表了民主化进程的结果上面，我们应该给出一个肯定的答案。与洋基体育场的案例不同，其受影响的社区强烈抗议且未向民众进行广泛咨询，而伦敦成功取得奥运会举办权受到了无论是大都市还是当地民众的强烈支持。或许民众是被所谓的奥运遗产的花言巧语骗取了信任，但对于奥运会举办权的广泛热情与其说是由于其未来重新改造的潜力，不如说是民众对于东道主荣耀的向往。既然财政支持都由国家政府和大伦敦政府来提供，对于直接的比赛场所而言就只有获利了。

总体上说，申办奥运在公平层面上是模棱两可的，它或许有利于伦敦形成具有包容性及世界主义的氛围，也响应了民主化的进程。在作为首相的布莱尔曾发表的非常著名的评论中，他表明了对这场典型的奥运盛事的看法：

众所周知，在这条路上我们会遇到一小部分怀疑论者。如果你看看每一个曾举办过的城市都发生了什么，就会发现一个大家熟知的奥运故事是这样的——这个城市排除万难，赢得了奥运会举办权，而不久各种相互指责就拉开序幕，准备工作进展不佳，无望的一再滞后已是事实，随着公共资金被挪用，费用不断升级，组织的各方互相争吵对抗，事件被报道，而与时间的赛跑也已开始：何时能完工，何时能建好一百米跑道，是否会因为奥运会游泳池未及时建好而不得不取消花样游泳？

随后所有的雾霾突然间奇迹般散去，混乱减轻了，运动员变成了主角，奥运会圆满成功。然而一个月后，反对的呼声再次扑面而来——奥运项目的遗产有什么，所有的投资真正换来了什么，为何要在城市边缘建这样杳无人迹的奥运村，这个巨大场馆能为所有人使用吗？ 134

然而，我们所希望的是讲述另一个故事……我们申奥成功的其中一个原因是我们会让大家看到随着奥运的结束，这些利益不会就此消失，这是我们成功申奥的一个强大因素，并且我完全相信我们能做到这一点。（英国首相办公室，2006）

实际上，尽管关注度和与奥运相关的基础设施建设投资可能将使东伦敦与城市其他区更紧密地融合在一起，我们仍完全有理由认为，在奥运结束的时候收益也将消失殆尽，因而发生在伦敦的故事将与 135
其他奥运举办地并无不同①。

该如何评价伦敦？

随着不间断的移民潮，伦敦城市文化日趋多元。即使原先殖民地的合法移民被大量阻断时，仍有源源不断来自其他欧盟国家

---

① 斯特拉特福德亦为奥运村所在地，这里将建造通往法国的欧洲之星列车的伦敦最东站，并将成为贯穿伦敦的新通勤地铁路线——横贯铁路的停靠站。然而，这两项交通设施是独立于奥运项目的规划的，因而并不依赖于申奥的成功。

的移民，尤其是来自临近的东欧成员国。尽管市区外围实质上并非如此，但内伦敦和外伦敦却越来越多地出现种族上的多元性。很多核心住宅和低价出售的公共住房的住宅高端化使得社区较以前更加单一，但贯穿大都会区的社会保障住房的持续存在确保了一定数量的种族融合，因而种族隔离现象没有愈演愈烈（巴克等，2002）。迄今为止，巴特勒和罗伯森（2003，193）这样说道："伦敦不仅是一个全球中心点，大概也是一个在工业化的世界里出现种族隔离最少的城市……正是伦敦的多元性使得如此灵活的都市特性得以形成。"

在伦敦，公众对政府的影响方式与纽约有根本上的不同。可茵街社区建筑公司是一个例外——此类市民参与在纽约广泛普及，而在伦敦却极度缺乏，其民众的压力更可能通过政党体制传递。尽管建立了大伦敦市政府和大伦敦议会，城市仍保留了33个地方政府的分散式管理，这比纽约集中化的市政府管理更易接近民众。各区政府仍作为服务设施及开发项目具体形式的最重要的决策制定者。尽管它们需在市长规定的指导方针下工作，但它们有基本的自由裁量权。它们根据所征求民意的程度可以在具体实施上有很大变化。但总的来讲，它们倾向于服从。纽约的社区发展公司承担开发和房产管理的职责却不完全对等。住房建设协会承担类似的服务职能但并不以社区为基础。合作安排的扩大需要政府、企业和开发地周边的社区成员共同参与，这就为市民参与提供了另一种途径，但当地社区究竟拥有多少影响力仍值得怀疑。对开发计划的反对可以上诉至国家部委，这勉强可以与纽约的诉诸司法相提并论。

同时，地区政府的政党组织意味着广泛的各阶层利益可以得到合理反映，且政党组织（不平行的）直接面对平民骚乱。在不少工党领导区里，由于市民希望政府改变管理方向，从而导致地方政党机器被接替，进而导致这些市区的管理特点被改变。这样，由年长的男性工会主义者操纵的寡头政治让位，进

136

而由更年轻、受教育程度更高、种族及性别更为多元的成员管理议会。

就公平而言，国民健康保险制度的加强，惠及了所有符合收入标准的公民的补充保险福利。一大批库存的社会福利住房，以及对新开发项目必须包含保障性住宅单元的要求都表明了过去十几年里，国家和地区的工党政府使得伦敦走上了与纽约不同的轨道。然而，伦敦的各级政府也与纽约的政府一样渴望拥有全球化城市的各项功能，提供基础设施建设并设立宽松的制度给予鼓励。奥运会项目为政府的这一偏爱提供了最好的例证。尽管奥运遗产仍留有疑问，这一项目还是将包括所有伦敦公民缴纳的税款在内的几十亿英镑都投入为期两周的比赛中。

全球化城市地位所带来的影响对伦敦和纽约是一样的：收入的不平等大大加深了。这主要是上层收入增长所带来的影响（费恩斯坦，2001b）。尽管底层人群数量略有增长，但不平等的加深并非仅仅是由于高收入人群规模的扩大，而是由精英职业人群巨大的收入差距引起的：

> 伦敦已经变成一个更加不平等的城市，在顶端由双收入职业家庭和管理层家庭形成的富人核心群体与底端的大量无收入家庭构成了鲜明对比。
>
> 还需指出至关重要的一点。伦敦与世界其他城市的不平等的增强……并不是它们作为金融、商业和创意产业的世界领先地位或它们独特的工业结构在不经意间偶然产生的附带性产物，而是它们世界领先地位所带来的直接结果。收入不平等有一种内接型特点，不可避免与城市所处的地位及职业结构有关。伦敦市的经济与其提供的薪水在很大程度上造成了大量的不平等。（哈姆内特，2003：102）

与纽约相比，伦敦拥有更大的公共空间。这意味着伦敦底层民

137

众与中等收入民众的收入更多、住房条件更宽松、享受的服务更便捷。与此同时，在政府鼓励金融、商业服务及文化行业发展的影响下，随着驱动政策的实施，这种趋势已远离公平而趋向于竞争。在经济衰退的条件下这种情形是否还能保持，以及日益增长的失业率与金融业对支持的需要何时会对政府产生压力，我们还无从得知。

第五章

阿姆斯特丹：真是一个正义的城市吗？

众多评论家将阿姆斯特丹视为一个体现了公平、多元性和民主的城市。据约翰·吉尔德布鲁姆（2008：18）所说：

> 阿姆斯特丹表明了资本主义制度的城市能够满足人们的基本需求，例如医疗、住房、安全、个体自由、可持续的居住环境以及交通。阿姆斯特丹展示了在资本主义的框架中，民主、环保理念、满足人们最基本的需求并提供机会是如何在几乎所有的阿姆斯特丹的居民中得以实现的。阿姆斯特丹是一个自由之地，而非受压迫之地。

帕奇·希利认为这座城市"对于那些认为城市品质是指开放且多样化的都市氛围的人们，便是理想之地"。在早期作品中，我也用阿姆斯特丹来论证了其在资本主义政治经济体系中成为正义城市的潜力。然而，最近几年，对再分配政策的承诺逐渐减弱，各民族间的公开摩擦也显现出来。尽管如此，与纽约和伦敦相比，阿姆斯特丹仍是一个具有更大公平性的城市；它的文化仍可以被界定为包容性的；且它提供了大量便利的公共设施，例如品质卓越且价格便宜的运输及广泛的社会服务[1]。在 20 世纪的最

---

[1]　见《经济学家》（2005）；迪亚斯和博蒙特（2007）。

后 10 年及新世纪的开始，它的经济也运行良好。正如伦敦和纽约一样，这座城市也从人口萎缩中恢复过来，并安置了大批移民人口。不过，不像其他两个城市，阿姆斯特丹的移民潮曾大大缩减。尽管与过去相比，阿姆斯特丹如今不那么公正，但与欧洲和美国大部分城市的政策导向相比，它仍在 2009 年成为一个具有很大正义性的典范，因其成功应对了日益增长的竞争性带来的全球压力并富有建设性地改变了人口统计数据。

城市规划和开发的历史（战后阶段）

阿姆斯特丹的规划历史悠久[①]。它的地质状况决定了政府需要参与土地清理和安置。由于建筑过程需要建造排水系统和垃圾掩埋池，这些需要以更大的费用在更大规模下进行，非个人开发商能力所及，因而在城市历史的大部分时期，都由政府来进行土地整理并决定开发区域。到 19 世纪末，市政府通过实施一项土地收购政策获得了另一项开发权：市政府持有土地；私人开发商只能获得土地租赁权；公共财政将从土地价值的增值中获取收益（特霍斯特和范德文，1997）。随着对更多居住空间的需求，对城市中心区的扩建已做出规划并在详细的计划下得以实施。1917 年，市议会批准了一项由建筑师 H. P. 贝尔拉格指导下的针对南部扩建的详细计划，并于 1935 年正式签署命名为阿姆斯特丹总体扩展计划。这一计划要求新开发项目需包含对公共空间和社会福利住房方面的详细条款，因而直到 20 世纪 50 年代持续引领了良好的开发势头。尽管后来被取代，但它对有关综合规划、环境保护、公共空间、界限清晰的开发及廉价住房等规则的重视影响深远[②]。

[①] 我在谈到纽约和伦敦时使用的时代划分并不适用于阿姆斯特丹的战后历史时期。因此，在导言部分，我所描述的历史直至 20 世纪末，之后接着进行部分重叠时期内具体案例的研究。

[②] 阿姆斯特丹物理规划部 （APPD） （2003）；法吕迪及范德瓦克 （1994：110 ~ 111）。

战后规划的初始重点放在了住房供给方面。尽管阿姆斯特丹并未遭受长久广泛的战争破坏，但它受到严重的住房短缺及现存房屋状况不佳的困扰。社会主义者主导下的政府实行严格的租金控制，并利用中央政府基金对新属地着手实施一项主要的住房产业项目。1945 年到 1985 年间，90% 的新住宅建设都用于公共租赁住房。由于政府在房产建设上的投资直接导致了城市的扩建，这个项目得以根据规划严格实施。原始的规划方案是要建成一座边缘清晰、沿走廊地带进行有限制的发展、功能分离且通过城外城的建设使交通拥堵得以缓解的城市①。

发生在 20 世纪的投机性的办公区建设对阿姆斯特丹开发的影响不及对纽约和伦敦的影响。直到 20 世纪 80 年代中期，市政府才将发展重点放在了社会福利而非经济增长上。由于阿姆斯特丹在世界金融体系中仅为二三线城市，就全球经济发展而言，其专业化特色为转运而非金融服务，因此对额外商业空间的需求并不是很强劲。实际上，它并未参照巴黎凯旋门的模式建造一个单独的具有高端声望之地，而是集中于开发几个办公区。而主要商业区的缺席导致了以开发办公区为基础的城市发展潜力未能得以挖掘，因为现存的办公楼群似乎都没能表现出如伦敦的金丝雀码头或纽约的华尔街及炮台公园城一样的集群协同效应（迪勒曼和马斯特德，1992：9）。因此，对新空间的投机性建设若无确定的承租者就会过于冒险，而且 1975 年之后，世界经济重构以及金融业在其中日益扩大的地位对空间需求的刺激，对阿姆斯特丹也没有产生对其他世界顶级的全球化城市一样大的影响。

141

然而不管怎样，阿姆斯特丹是荷兰的金融和商业中心并驻有两大世界级银行。除此之外，它还是大量累积财富的发源地，殖民和贸易历史的产物。因此，它的确拥有意义重大的金融行业和先进的服务行业，而交通便利也使它成为服务于北欧的大部分公司的理想

---

①　范德文（2004：181）；特霍斯特和范德文（1997：298～299）；APPD（2003）。

选址地。商业运作传统上发生在具有重要历史意义的城市中心，但为了应对传统的运河房屋越来越多向办公用途的转变，城市严格限制这样的改革。面对大面积办公楼环境的需求，商业中心的开发被放在了城市周边，但与阿姆斯特丹的住宅扩建相比，对办公楼群几乎没有实行用地规划。他们在物理外观上仿照了世界其他不知名的商业区，高层建筑、现代主义建筑、大面积停车场及大广场都令行人感到沮丧（克拉瓦尔，2000：61，65）。

20 世纪 60 年代，荷兰大规模发展经济，企业通过从土耳其和摩洛哥引进工人以应对劳动力短缺的局面。两个国家的工人都来自乡村且受教育程度低下（克雷默，2006：63）。同时，家庭规模的扩大及对更宽敞住宅的需求促成了白人中产阶级家庭向郊区的搬移。其后在 1975 年，荷兰的殖民地苏里南独立，继而出现了苏里南向荷兰的移民潮，其中很多移民定居在阿姆斯特丹。也有数目众多的移民居住在新开发的庇基莫米尔（见下文），并在此形成了一个少数民族聚居区。

到 20 世纪 70 年代末，荷兰由于薪金压力、政府的高位开支、通货膨胀及日益增长的失业率而面临许多严重问题。阿姆斯特丹尤为严重，"20 世纪 70 年代晚期和 80 年代早期荷兰的经济危机以国际标准来看是异常严重的……阿姆斯特丹作为最卓越的社会福利城市陷入更深的危机。它遭受了经济和人口规模的严重衰退"（特霍斯特，2004：1）。之后，如纽约和伦敦一样，阿姆斯特丹在 20 世纪最后 20 年里参与了从严重的财政危机中恢复的工作以及福利系统的重建工作。然而，包括建设额外的社会福利住房及租金补贴住房的支持政策的延续缓解了其他福利的削减，同时劳动力市场日益增长的灵活性及税收的减免推动了就业水平的发展。和纽约及伦敦一样，即使阿姆斯特丹市政府越来越重视经济增长和创业精神，但其对工薪阶层居民的利益损害也较少，因此与其他城市相比它仍是一个相对公平的城市（费恩斯坦，1997、2001b）。直到上世纪末大部分阿姆斯特丹的居民仍住在社会福利住房里，还有一部分人群支持对私有租赁住房实行租金限制（费利斯特和里特维德，2002）。市政当局能够承担丰厚的福利开销，因为其几乎所有的财政收入都来自中央改府而非本市纳税者（特霍斯特，2004），这使得城市既拥有相当大的政策自主权又享有外部来源提供的大量资金，令人称羡。[1]

福利金和包括教育在内的社会服务的分配依赖于荷兰一项独特的体系，称之为"柱式化"。相互妥协结束了新教徒与天主教徒的敌对状态，柱式化管理使得国家钱财通过宗教组织、普通的慈善组织、文化团体及政治团体汇集起来：

> 自21世纪初甚至更长时间以来，荷兰的每一根"立柱"都拥有自己的学校、医院、住房开发公司、工会、社会工作处、政治党派、体育俱乐部、广播协会，等等。在每一根立柱内都有很强的超越阶级划分的团结意识。立柱内的接触交流几乎不在私下进行；在公共领域内的交流只在杰出人物中进行；因此这一体系的主要功能是确保每个文化或宗教团体拥有极大程度的自治。同时也证明，它们内部的团结一致在为群体中的劣势成员争取更多机会方面是非常有效的。（克罗斯和恩泽格尔，1988：16）

柱式化的后果之一是缓解了由阶层不同导致的空间隔离所带来的压力，因为公共服务是通过立柱而非社区来提供的（特霍斯特和范德文，1997：273）。马斯特德与奥斯滕多夫（2008：88）提供的数据表明即使在城市最贫困的社区里，就收入而言，收入最低的1/5占人口比例的34%，处于中间水平的3/5占人口的60%，收入最高的1/5占人口的7%。

143

城区改造

始于20世纪60年代晚期的城区改造项目在阿姆斯特丹引发

---

[1] 特霍斯特（2004）指出，中央政府的市政财政收入比例从1953年的84%增加到2000年的94%。

了比纽约更多的争议。但是,尽管阿姆斯特丹改造计划的设计内容与罗伯特·摩斯类似,它的主管单位却有着截然不同的理念和支持者。公布的规划方案里要求大范围拆除内城区以保证机动车交通更顺畅,以及拆除现有住房来建设现代化住宅。支撑这些方案的理念并不是要刺激私人市场投资而是要建造一个符合现代性和公平性的社会理想城市。因此工薪阶层家庭,而非商务阶层和中产阶层为目标受益人。事实上,这些设计与东欧的社会主义国家所实施的规划类似:地铁系统、主干公路,以及为相对弱势群体建造的大型公寓楼群。然而从另一方面看,对这些开发的抵制行为是以集体主义为基础的,与在纽约和伦敦发生的抗议类似,参加人员为社区积极分子、学生以及处于社会边缘的不满人群。与纽约不同的是,阿姆斯特丹遭遇了"老左派"的强硬反对,他们致力于为无差别化的全体民众进行大规模住房建设而不是为建成更有益的、更多中产阶层的城市而创造一个城市增长机制。

一位著名的荷兰新闻记者戈特·马克(1999)曾将20世纪60年代中期到80年代中期定义为"二十年内战"。为建成更民主、更自由、更富表现力的社会,在这一梦想的驱使下,城市的社会运动依据其自由主义的目标来改造阿姆斯特丹。在这一时代里,两个不同的左派分支互相斗争,斗争时而激烈地发生在大街上,时而象征性地发生在会议期间。城区改造成为斗争的焦点。据马克(1999:307)所说,由传统社会主义者构成的左派联盟在市议会中起主导作用,他们认为"阿姆斯特丹的改造可以通过拆除大部分老城区,在各地建造高速公路,用办公楼群取代新市场(Nieuwmarkt,位于市中心的一个具有历史意义的广场),以及以某种现代花园城市来取代约旦区(一个工薪阶层的住宅工业区)"。

阿姆斯特丹官方的规划史中承认了城区改造反对者的胜利并评论道:

144

拟建中的"城市工程"注定要与已规划的办公楼建设以及在历史街区缩减交通基础设施建设一并记入历史史册。小规模保障性住房和"构建社区"成为城区改造的新标语。在社区积极分子的胜利之后……20世纪70年代中期，对现存城市布局进行大规模的干预现象几乎已不再出现了，这是现代城市设计中最重要的方面。（阿姆斯特丹城市规划部，2003）

由新市场引发的斗争代表了围绕城区改造规划出现的各种小争论中最重要的一个。作为一个旧市场的所在地，广场是新地铁线路中的一个站点，这一地铁线路起初有望延伸至城郊。地铁建设已经牵涉很多老房的拆迁。切断穿过广场的一条主要道路而在广场中心建一座地标性建筑会导致更进一步的破坏。因反对拟进行的拆迁而引发的暴乱成功阻止了拆迁的发生，现如今，广场下面地铁站里的大型壁画上仍记载着这场暴乱。这个曾经被遗弃的地段已变成了繁华的餐饮中心；中间的开放空间在白天是市场，到夜晚则簇拥着很多年轻人。然而，正如许多其他成功的保护运动的实例一样，原先的工薪阶层住房和生产企业所在地大部分已成为消费场所，而且整个地区还建有一个主题公园。

城区改造计划不仅引发了抗议运动，也产生了非法占有公地的行为。规划要求对城市历史中心周边大量的19世纪房屋进行拆迁。尽管中心区的老运河房屋被认定为"历史遗迹"，房主可以得到翻修房屋的补贴，但稍后时代的建筑不被认为有保留的价值。和阿姆斯特丹的所有房屋一样，他们的地桩在建造时埋进了城市的沼泽土壤中。更换这些腐烂破损的地基耗资巨大，而且这些建筑本身虽然具有典型的时代特点，但并没有显著的建筑价值。随着房屋的清空和即将被铲平，非法占有公地者搬进来并成功阻止了试图拆除房屋的行为。此外，他们还占有了中心区的一些原本由房产投机商占有并被腾空的纪念性建筑。这些非法占有公地者有时甚至以暴力抵制对其的驱逐。最终，整个城市有很多

146

被非法占用的土地，包括一些价值连城的运河房屋都被合法化并归占用者所有。①

市政府最终撤回了对 19 世纪房屋的改造规划。一旦规划付诸实施，很有可能破坏房屋原有的质地结构，同时也会抬高街景的高度。自 20 世纪 70 年代和 80 年代的斗争后，这一城区进行了一些填充式的建造和拆迁，以新的建筑设计与整体环境相融合。起初非法占用公地者仅仅将自身与反对城区改造联系在一起，然而，他们强调的是住房的绝对不足，因而仅通过再开发策略的改变未能使他们的需求得到满足（尤特马克，2004）。此外，到 20 世纪 80 年代末，这次运动中的一部分人抓住了允许城市周边私占房屋的契机并将其作为改变生活方式的基础："他们在私占住房里享有的相对自治使他们将自我管理的无政府主义思想付诸实践……这些私有住房成为对抗权威主义、种族隔离、环境退化，以及最近出现的新自由主义全球化的温床。"（尤特马克，2004b：690）

与伦敦可茵街社区的反抗相比，针对阿姆斯特丹城区改造的抗议范围更广。它不仅扭转了一个单一的项目，而且成功地逆转了四分之一世纪的整体规划方案。居住区的重新改造不再是自上而下的现代主义方式而是包含征求社区参与意见、重视保护、且小规模开发的方式。与此同时，原始规划策略中的平等主义的目标在对社会福利住房的承诺中已有所体现，因而继续保留。由于昂贵的运河房屋转型占用了邻近私有房屋的地盘，将游艇停靠在公寓前面，因而从其导致的各阶层混合居住的层面上看，多元性也得到了支持。尽管在人口缩减时存在种族隔离，但各阶层之间的相互隔离则很少见。人口统计上，阿姆斯特丹市区的人口不像城市近郊那般日益增多，由于其失去了向往更宽敞空间及房屋拥

---

① 阿姆斯特丹市政府购买了 200 处私占房屋并将其移交给房屋建筑和管理协会，由后者将这些房屋租赁给单个的私占房屋者。（斯普劳特，2003：139）

有权的中产阶级家庭，因而为越来越多不同生活方式的寻求者、移民及年轻的见多识广者所居住（特霍斯特，范德文与德本，2003）。随后，本章将继续讨论这种由人口转变与业主自用住房的持续压力所导致的对社会福利住房的重视程度有所降低的近期动向。（范海姆，范肯彭和范维萨普，2006）

社会福利住房

社会福利住房构成了 20 世纪战后时期新住宅建设的很大比重。然而到 20 世纪 90 年代，作为新开发项目的一部分，对社会福利住房比例的要求从 90% 下降到 70%[①]，在未来十年里还将继续下降。1992 年，中央政府为了将其预算与欧盟关于财政收入与支出关系的规定接轨，停止向负责荷兰城市中大部分住房建设及管理的住房建筑管理协会提供直接补贴[②]。同时免除协会对国家的债务义务，允许其售卖住宅单元及依照成本相应提高房租。通过对达到收入标准的低收入住户给予持续的房租补贴来保护他们免受租金上涨之苦，但仍居住在房管协会持有的住房里的较高收入家庭的支出则有所增长。在房地产不断增值的背景下，房管协会的发展蒸蒸日上[③]。然而，他们并未进行大规模的新房屋建设；2003~2008 年间阿姆斯特丹的房屋库存总量仅增加了 9371 套（阿姆斯特丹研究与统计局，2008）。出现小规模增长的原因之一，是持续的拆迁作为社区改造项目的一部分，直接针对的是相对质量较差的战后社会福利住房的搬迁。

阿姆斯特丹政府对自有住房需求的回应与拆迁政策一起导致

149

---

① 此信息由 J. F. W. 施密特提供，阿姆斯特丹物理规划部（访谈，1996 年 3 月 10 日）。
② 2003 年阿姆斯特丹 14 家房管协会拥有股本总额的 55%。
③ 此信息由莱昂·德本和威廉·沙莱（书面交流，2007 年 9 月 2 日）提供。也见普里默斯（1995、2006）。

社会福利住房库存的逐渐剩余化：

> 实际上，自 20 世纪 80 年代末，荷兰的房产政策大纲就曾反复指出，持续大量的修建价格低廉的社会保障性公租房是不明智的。由于不断上涨的建筑成本及（供求方面）补贴的相应增长，并且很多社会保障性公租房并不是由低收入家庭居住，因而倡议扩展自由住房市场。在认为自由住房市场于荷兰房产市场中扮演至关重要角色的同时，对社会保障性出租房的国家补贴也应减少，这将直接引发自有住房库存量的增长。后续效应是社会保障性租房市场中低收入家庭的日益集中，尤其是当较高收入家庭能够拥有新建的自有住房时。（范海姆等，2006：333）

开发自有住房的举措是建立更多综合社区政策的重要组成部分（马斯特德与奥斯滕多夫，2008）。尤其要关注移民在特定社区内的集中及对社会排斥现象日益增多的担忧。大家普遍认为多元文化主义的早期政策破坏了社会凝聚力："尽管争论非常复杂且庞大，仍不难看出大部分参与者都持有一个共同观点：不同的民族之间居住隔离太远，如今应当使他们融合在一起"（尤特马克和戴文达克，2008：6）。为了维护每一个社区的社会融合，对富裕人群购买房屋的需求做出响应是十分必要的①。若不能获得在城市中购买自有住房的机会，整个市区，尤其是那些社会福利住房高度集中的社区将失去中层和上层阶级的居民，从而导致低收入人群的孤立。

然而，这一政策的批评者认为它是以牺牲低收入人群为代价的。尽管新政的拥护者声称他们在试图减少社会排斥现象，结果却是造成受影响的社区中占大量比重的低收入居民的搬迁，而且，对于那些第一次试图购买房产的人来说，自有住房是完全遥

---

① 尽管收入和种族之间有关联，但那些置业行为绝不仅仅来自荷兰本土。

不可及的。据斯坦·马约尔所说:

> 收入十分低下的人群对于广泛的城区改造项目是难以接受的, 而拥有更多机会的人则普遍对建设中的较高质量住房及其有机会变成房主感到满意。阿姆斯特丹仍拥有大量的社会福利住房库存……〔但是〕社会福利住房的整体分配体系陷入困境, 这意味着即使你已在名单里, 也需要至少等上七年才有资格购买。(私人谈话, 2008 年 7 月 12 日)

151

另外一则评论谈道:

> 当我研究阿姆斯特丹新西区过去十年的城市改造项目时……我发现在拆迁房屋和新建房屋中出现的一个矛盾。首先有 80% 的社会福利住房和 20% 的自有住房转变成五五分成。其次这些新建的自有住房如此昂贵以至于很难想象被拆迁房屋的原有居民有能力在阿姆斯特丹新西区购买新房……我得出结论, 阿姆斯特丹西区改造项目对城市有很大益处, 但对于居住在阿姆斯特丹西区的人们则很难说。(耶勒·亚当斯, 私人谈话, 2007 年 3 月 14 日)

既然搬迁的租户将继续得到住房补贴, 使得他们能在别处找到体面的住房, 那么对于他们来说, 主要问题并非贫困的住房条件而是住房地点。随着地处市中心的可供出租的房屋存量的减少, 拆迁户的选择受到了更多的限制。而由于拆迁户首先可以选择的是别处的社会福利住房, 因而等候名单上的其他人则需要等更长的时间, 而新出现的低收入家庭就只能在私人租房市场中寻求住房了。阿姆斯特丹出现的根本问题在于更多的处于各种经济水平的人们都期望在此居住而不是寻找住房。政府从房产建设中抽身而退, 房管协会对修建住房的不情愿是由于一旦它们依靠自身的资源, 那么少量可以用于修建住房的未开发土地会导致不同阶层使用者对空间的激烈竞争。住房购买力的增长意味着相对富裕的家庭不再需要在名单上苦苦等候直到可以购买社会福利住房单元；正如贾斯特斯·尤特马克所描述的，"他们可以插队购买"（采访，2008 年 11 月 8 日）。因此，这种由获取机会而不是分配本身衡量的不公平性在社会福利住房建设转变之后的几年里有所增长。同时，与撒切尔夫人推行的公共住房低价出售项目下英国出现的情形不同，荷兰的住房改革未能促进大规模的个人购买公有住宅，故没有形成社会福利住房库存的完全边缘化，所以，如果不需要等待很长时间，社会福利住房仍可继续保持对中产阶级家庭的吸引力。（布兰德森与海尔德曼，2006）

1975 年后的规划

1975 年后的规划政策涉及三个方面——首先是社会性住房，再后来，是周边的商业发展和业主的房屋使用——体现了三个地方的发展：庇基莫米尔、阿姆斯特丹南轴和港口岛屿。本章介绍了前两个地方，从它们最初的构想是作为一次性项目的使用到综合使用的发展变化。港口工程不同于这些，因为它们大多是建在空置的土地上。包括荷兰皇家轮船公司、爪哇、婆罗洲和斯伯伦伯格（Sporenburg），它们主要包括各种各样建筑样式的低密度和中高密度的独栋大楼和多户住宅，其中有许多是业主自住的。含有 8000 个住宅单元，而且建在交通设施便利的地方，因而已成功地吸引了中产阶级居民（阿姆斯特丹规划部）。

庇基莫米尔住宅区

庇基莫米尔位于城市东南边缘废弃的土地上，因而结合了两个截然不同的城市发展和重建的概念。这个综合建筑群最初建于 20 世纪 60 年代和 70 年代，原打算能在 4 万个住宅单元里容纳 10 万人居住（卢伊腾，2002）。居住者都是为了寻求更宽敞住所的工薪阶层和中产阶级家庭，在市中心它们是寻求不到这种住所的。虽然发展从未达到原计划可容纳的人数，但是许多巨大的结构都是根据城市设计的现代理念建造的。庇基莫米尔最初的设计者们受到勒·柯布西耶的强烈影响，成为当代建筑国际大会（CI-AM）会议活动的积极参与者："在他们［荷兰设计师］崭新的、现代主义的理想中，城市是卫生的、绿色的、宽敞和明亮的并带有高效的交通系统。城市规划想要建立有序的集体生活，并以理性的方式通过使用不同的功能区划分出明确的空间。纷乱的城市将成为功能城市"（卢伊腾，2002：11）。巨大的建筑物一致地向外延伸；它们的密度集中，留下充足的空间，用来创造美化景观。机动车功能区和步行功能区被分隔出来；购物区被合并成一个小的、不明显的固定商场，目的只是为了服务于居民的日常需求。通过一个铁路路堤把居住和工作严格分开，切断了从附近的办公中心通向住宅区的路。

153

尽管庇基莫米尔仍在建设中，规划的智慧已经超越其所依据的设计原则。受到针对现代主义僵化和冷漠特征批评的影响，规划者们制定了更富有本地风格的设计、多样风格混杂设计（heterogeneous groupings）、街道墙壁，以及延展性。随后的规划根据不同的使用要求和街道生活的设计概念，由专门的社会出租房屋组合转变为与相邻的购物区和写字楼进行混合的更多样化的组合。因此，表面上的受益人和规划构建最终放弃了原来的规划者们看好的一种外部设计，拥抱了为每个人提供理想体面的家的平等设计理念。

然而衰败的迹象在早期就出现了。1985 年这个综合建筑群的空置率为 25%（卢伊腾，2002：17）。只有大约一半的预期数量的建筑物已经完成，建设开始后不久就出现了重新思考设计方案的呼吁。该项目引起了荷兰中产阶级的厌恶，他们不喜欢为他们设计的大的、通风的公寓；因此它们主要成为（但不完全是）少数族裔的家，尤其是苏里南人的家。① 公寓被证实适合大家庭居住，因为大家庭能通过荷兰中央政府提供的住房补贴支付租金，②因此，除了建筑本身被普遍认为没有吸引力外，该地区也被认为是移民占主导地位。此外，清理位于城市中心靠近火车站的药品市场致使这种商业转移到开放空间和庇基莫米尔的车库，从而增强了其作为最危险房屋的名声。③

　　这个庞大的结构离荷兰人理想的都市风格相距甚远。为了了解建设庇基莫米尔的原始动机，我们特意采访了一名当地的荷兰白人（他对该建筑持支持态度）：

> 这是第一次在荷兰建造这种规模和比例的建筑。然而，在心中保持古典的、社会民主主义的理想，它不是为了浮华的精英而是为了大众……我觉得庇基莫米尔的设计概念非常好，我认为它的执行也很成功。这是一个遗憾，重建没有解决磨合问题，反而增加了一些额外费用。④

换句话说，庇基莫米尔的早期构想符合社会主义理想的统一景观框架内的平等和集体主义，而不是消费主义的个人主义。

　　在 20 世纪 80 年代后期，阿姆斯特丹当局开始重建阿姆斯特丹东南部的整个地区，其中包括庇基莫米尔。1987 年他们开办了一个毗邻住宅区的大型的购物中心和办公楼。同时，为了服务这个住宅区，零售建筑群充当铁路另一侧的办公建筑物的大门/门

---

① 1975 年苏里南获得独立，引发了许多前殖民地居民移民到荷兰。当时在庇基莫米尔有大量的空置住房可用。到 1996 年当地 25% 的人口是荷兰本地人，35% 是苏里南人，10% 是加纳人，7% 来自荷属安的列斯群岛，还有 25% 主要来自非洲和南亚的其他人种（克埃柯布姆，2002：84）。
② 虽然已经由一群非营利性住房企业建造该项目，但租金反映了工程造价，没有政府的帮助，支付能力不足的家庭则无力搬入。对于没有援助也能负担得起房租的家庭，在新城镇周围的住房更具吸引力。
③ 布鲁英等（2002）；特霍斯特和范德文（1997），299～301；拜耳特（2003）。
④ 德克·弗里林，代尔夫特理工大学城市规划教授。引用拜耳特（2003），未标页码。

户，这条铁道紧临庇基莫米尔，为就业中心提供便利。位于门店上方的住宅增加了，为小型企业提供了办公空间，营造了艺术家的生活和工作空间。1992 年，在公私合作伙伴关系的支持下，很多庇基莫米尔的建筑开始被拆除。被夷为平地的房屋换成了供业主入住的低矮的房屋，剩下的大型建筑物用彩绘掩盖单调的混凝土外墙，并增加了新的电梯。居民们被迫从原来的建筑物中搬出，他们要么被安置在该地区的其他出租的房屋内，要么购买新建成的住宅。拆迁之前的高空置率意味着那些愿意留下来的租房者拥有充足的空间。虽然黑人居民最初反对这个计划，因为它自上而下，旨在使该区域成为白人社区。然而当规划过程变得更具包容性时，他们成为重建的支持者。地方议会增加少数族裔成员的数量，同时种族组织在制定计划时的作用更加突出（伯戴尔，2006：182）。有趣的是，许多苏里南居民，赶上了 21 世纪的经济增长，乐于通过购买住宅和新的低层结构公寓的机会留下来发展。

　　重新设计项目特别引人注目的地方在于其保留了民族融合。事实上，该地区的促销策略是针对中产阶级世界主义者，通过保持现有的多元性的优势来实现，且它的多元文化性质对于购房者来说是吸引力之一。[①] 关于在一个地区住房相对昂贵的怀疑毫无根据，特别是这个地区依然以保障性住房为主。对自住业主的采访在《领土》一书中被披露出来，指出新的联排别墅和公寓都非常受欢迎的原因。

　　　　现在很多来自庇基莫米尔的人在改造后的地区购买和租赁房屋。一个更大的中产阶级已经出现……苏里南的独立极大地改变了庇基莫米尔。现在你看到的是一个中产阶级已经

---

①　伯戴尔（2006），181。根据莱昂·德本的叙述，2006 年的人口中大约 33% 是苏里南人，荷兰人占 30%，21% 是"非西方人"，8% 是西方人但非荷兰人，6% 是安的列斯人，还有 2% 是土耳其人/摩洛哥人。

独立后的群体……他们认为购买是明智和负责任的。（采访因德尔·迈托，社会学家和当地居民）。

在庇基莫米尔我觉得像在家一样。重建计划是好的，你可以真正看到进步。也许我有宾至如归的感觉，因为很多苏里南人都住在这里。（采访杰里·卓肯斯蒂恩，总机协调员）。

这是美丽的庇基莫米尔，实际上，它仍然是……我不想住到别的地方去。这跟该地区有关也和居住在这里的不同的种族有关。（采访朱尔斯·弗兰克尔，房屋粉刷匠）

[住在新业主自住楼宇里] 的人们认为彼此间是平等的。如果你没有一个体面的收入，你就不可能买这里的公寓。住在这里的每个人都有一定的收入并拥有一定的社会地位。我们不必在乎你是来自加纳还是安的列斯群岛。（英格丽·帕金斯，教师）①

庇基莫米尔的故事体现了城市发展中采用的一种特别荷兰的方式：如果存在一个问题，必须找到一个合理的解决方案。它最初的建造是基于雄心勃勃的连贯计划。一旦现实证明达不到其原先的希望，就要重新研究和反思。和刚开始发展时相比，现在的发展进行得更有序，区连着区，规划者们避免在整个项目里强调一个单一的模式，并允许居民参与。② 参与项目的四个合作伙伴有：阿姆斯特丹市、东南区议会、阿姆斯特丹房屋公司和祖传/世袭住房基金会，它们接管了该项目（克埃柯布姆，2002：93）。总投资在 2002 年超过 160 亿欧元。2002 年总住宅存量为 21500 套，比开始拆迁时增长了 2000 多套，更多的住房继续得到建造。一个为阿姆斯特丹主要的橄榄球队阿贾克斯队建造的体育场完成

① 拜耳特的访谈记录（2003，未标页码）。
② 批评者认为，参与拉拢潜在的持不同政见者，现在针对剩余的社会住房有长长的等待者名单（贾斯特思·尤特马克，采访，2008 年 11 月 8 日）。

了，它毗邻新火车站，该地区还添加了其他娱乐场所，包括一个多元化的剧场。改造的目的是为这一地区创造更大的活力，截止到此时，该地已有住宅、商店和写字楼。

关注青少年高失业率和高风险使得实际规划与社会政策结合起来。努力为小企业提供工作空间。一个文化和教育中心的成立旨在为不同的外展服务提供场所。在 1996～2000 年间，3630 万欧元投资在一百多个社会经济项目上；2000～2004 年额外增加了6350 万欧元的预算，社区与族裔组织参与资金分配；针对区议会成立了一个多元文化咨询小组；聘请小区的高层管理人员以实现种族平等（克埃柯布姆，2002：84～85）。

2008 年仍然不确定振兴是否取得了圆满成功。尽管很稠密，而且围绕着购物中心，对各种各样的房屋及社会项目的引进也进行了综合开发利用，但部分地区仍然显得相当沉闷，尤其是从火车站到零售商场的这段距离。虽然该项目作为一个整体是混合使用的，其中很大一部分仍作为高档住宅且远离活动中心。在有比赛的时候，周围的阿贾克斯体育场娱乐区很热闹，但在其他时候则死气沉沉。毫不奇怪，因为大多数的房屋仍属社会出租范畴，犯罪和失业仍然是问题，年轻人抱怨无聊（沙库尔和哈萨尔，2007）。此外，即使有租金补贴，低收入居民也无法负担高昂的租金装修费（斯坦·马约尔，个人通信，2008 年 7 月 12 日）。尽管如此，该地区仍大大提高了自我形象，在承诺多元文化主义、平等主义，以及社区参与等方面使振兴指日可待。

阿姆斯特丹南阿克西斯区（须达士）

根据阿姆斯特丹最近的发展，须达士同纽约和伦敦的大型写字楼项目极为相似，如世界金融中心和金丝雀码头。在为该地区出台最新计划之前，一些大型写字楼已经存在。它们已经成为时尚，但相互之间一点联系也没有。许多都是大胆的建筑表述，但该地区作为一个整体是不连贯的、冷漠的，对行人是不友好的。庞基莫米尔规划者们追求的目标是要改造现有的单一使用区域，以创造一个温文尔雅的、多功能的空间。面临的挑战是很艰巨的，因为多车道高速公路和铁路轨道把这个地区分开，阻塞了行人交通并且妨碍了设计的一致性。所提出的解决方案是非常昂贵的——那就是修建一条可适应公路和铁路轨道以及一个停车场的 1.2 公里长的隧道。①

在荷兰，阿姆斯特丹的须达士已经成为最大的办公建筑群，2007 年已建或在建的建筑面积已达 248600 平方米（2700000 平方英尺）。中央政府设想把它变成在全球城市功能上可以和巴黎、法兰克福、米兰一样具有竞争力的一个地区。它已经拥有优良的通往史基浦机场和市中心的交通。在 20 世纪 90 年代初，两个大的荷兰银行 ABN－AMRO 银行和荷兰国际集团正在寻求现代化的办公场所；如果它们在市中心建造高楼，要行车方便，并希望躲开不可避免的社区争议。② 市政府对在市中心南部适当地域进行规划，包括建住宅、零售、教育和文化设施给予了回应，然而只建成了写字楼。在 10 多年后，市政府、中央财政参与此项目，试图实现一个多功能的方案。该方案在为私营部门提供基础设施方面比以前特点分明的荷兰项目发挥了更大的作用。③ 该计划使用公私合营的车辆，用非常昂贵的方式取代了主要由私营部门提供资金的铁路和公路。60% 的费用将由私人参与者承担，反过来

① 本文的讨论是基于马约尔（2007、2008）和威廉·沙莱在 2007 年 8 月的采访，威廉是阿姆斯特丹大学城市与区域规划系教授；彼得·特霍斯特是阿姆斯特丹大学地理学副教授；A.J. 乔尔斯是阿姆斯特丹市政府的一位高级规划师。

② 荷兰银行总部大厦在须达士已经是最大的建筑。2008 年金融危机期间，荷兰政府对由名为富通的比利时—荷兰银行控制的银行分支部门进行了国有化，而英国政府控制了一些已在 2007 年收购中被苏格兰皇家银行购得的部门。外国拥有者可能会将总部迁移的威胁显然已经过去了，但银行的未来和其对空间的需求在困苦的情况下依然不确定。

③ 一个在 20 世纪 80 年代为城市滨水地区制定的计划失败了，因为私人部门融资公共利益的需求被认为是需求过界。

私人参与者将在新创建的空间中得到一百万平方米的开发权
（10000000平方英尺）。公共部分涉及城市、省和中央政府。

2008年出台的总体规划呼吁建立1100000平方米（11800000
平方英尺）的办公空间，1100000平方米（11800000平方英尺）
的公寓，以及50万平方米（5300000平方英尺）的公共设施，预
计在30年内建成（马约尔，2007：53）。其中还包括阿姆斯特丹
自由大学的校园。70%的住房将根据市场利率出售，这对阿姆斯
特丹来说是一个非常大的比例，尽管30%的社会住房的目标在其
他地方已经算高的了。

在城市周边对这种类型办公中心的投入是紧跟巴黎市郊拉德
芳斯率先发展的潮流。古老的欧洲城市无法在不对历史结构造成
极大伤害和受到公民强烈的反对的情况下于市中心提供现代化办
公场所。把经济中心转移出城市核心区的决定改变了阿姆斯特丹
内城的特色，使它转向承担娱乐、旅游和小规模商业的功能，而
不再作为制造业、金融业和商业服务的重要中心。

在写这篇文章的时候该提案正在招标，是否真的能够得到资
助仍然是个问题。阿姆斯特丹的办公空间供过于求，银行重组可
能危及金融机构对土地、建筑的使用。对私营部门提出的要求包
括向公共空间和不会产生任何经济回报的设施进行捐助，这可能
比开发者愿意冒险更为艰巨。在斯特拉特福德市，人们希望能在
市中心以外的地方为高速铁路提供主要车站（见第四章）；而且，
仍旧像在斯特拉特福德市那样，其实际推行远未可知。在最初阶
段，项目显示了实现规划者创造一个"新城市主义"目标的迹象：
"（到目前为止）须达士未能建成一个强大的城市。所做的重要（公
共）投资都不能突出其城市的野心。目前，人们既不认为须达士是
作为一个城市区域，也不认为它是一个潜在的城市区域……这种观
念是否可以改变，值得商榷"（马约尔，2008：118）。

和斯特拉特福德市一样，阿姆斯特丹须达士没有激起太大的
反对（马约尔，2007）。一些开放的公共会议被用来讨论该计划，

161

其综合使用的概念反映了大众所想。然而，该项目并没有引起足够的重视，原因也与在斯特拉特福德所发生的别无二致，即该地区无人居住。这里的土地是一个主要由体育俱乐部占用的待开发区，是作为可被替代的区域。斯特拉特福德和阿姆斯特丹须达士的案例均指出了获得市民参与规划的困难，因为该项目没有直接关系人们的生活，且未来居住者也是未知的。

阿姆斯特丹是正义城市吗？

就多元性，民主和公平而言，阿姆斯特丹仍然是这本书所评价的三个城市中最强的一个。关于多元性，在荷兰国内，针对少数群体的政策存在着相当多的争议——关于哪一种是更好的对待两极分化的策略：对差异性采取宽容原则还是积极努力促成同化。两次暗杀——导演西奥·梵高被一个穆斯林所杀和右翼政客皮姆·佛杜恩被暗杀——造成先前被压制的民族仇恨上升到表面。[①] 然而，尽管存在越来越多对分裂的担忧，赛科·马斯特德和他的同事最近的分析却表明，阿姆斯特丹已成功实现了对移民群体的包容。他们发现，随着教育状况的改进和劳动力市场的参与，两个最大的群体摩洛哥人和土耳其人拥有越来越多的空间融合（莫斯特和德沃斯，2007：351）。莫斯特和奥斯腾多夫（2008，87~88）得出这样的结论：

> 从 1998 年到 2004 年间，鹿特丹的种族隔离程度下降了。[土耳其人，从 50 到 44；摩洛哥人，从 45 到 40；苏利南人，从 25 到 21（由相异指数来衡量，其中 100 指总隔离数）]、和鹿特丹相比，阿姆斯特丹略低……因此，学术研究不会产生支持政

---

① 梵高拍摄了一部电影，名字叫《屈服》，影片谴责了穆斯林对女性的压迫。佛杜恩是一名公开的同性恋，反对偶像崇拜，反对移民，理由是虔诚的穆斯林不能容忍荷兰自由的社会习俗。在荷兰的社会背景下，梵高和佛杜恩代表了一个保守的民粹主义，能均衡伊斯兰传统对荷兰文化的冲击。见范德文（2006）。

治辩论的证据。这表明（国家城市）政策企图建立社会融合的主要目标在很大程度上是不必要的，因为在荷兰的一些街区，社会融合已经成为现实。部长……担心的问题……不存在。

至于民主治理，对地区下放权力和鼓励参与规划表明了实质性的承诺。这些地区比纽约的社区或伦敦的行政区小得多。[①] 地区有责任规划、分区，需提供公共服务以及文化活动，拥有很大的预算权力，并通过选举出来的议员进行管理。根据莱昂·德本的说法，它们有足够的财政手段来制定政策并"确定代表社区的利益"，因而造成了对社区有益与对中心城市有益之间的冲突。[②] 在另一方面，抗议运动的减少可能暗示着转变的力量已经削弱或被收编。

可用住房的绝对短缺是不公正的主要原因，它影响到所有的人群，但并不平均。保障性住房继续为广大居民提供住处，并且提供租房补贴确保每个人都能获得住房。事实上，租金水平是相当低的（虽然在增加），这就缓解了阶级分化；而且"柱撑性"有助于社区内收入的异质性。作为社会保障性住房的住宅比例的（缓慢）下降以及富裕业主的持续迁入，最终使得中产阶级化住宅也成为更严重的威胁。

在阿姆斯特丹，收入分配的数据是没用的。作为一个整体，荷兰的数据显示的基尼系数是 0.27，丹麦是 0.23，所有经合组织国家是 0.32，英国是 0.33，美国是 0.38（经合组织，2008）。[③]

① 有 15 个人口不等的地区（除了一个非常小的离群值）从 30000 到 83000；平均人口为 48673（根据 2009 年阿姆斯特丹研究和统计局的数据）。

② 个人通信，2009 年 2 月 5 日。德本教授作为这个城市杰出的学者，也是阿姆斯特丹大学社会学系前主任，曾担任过很多年的区议员一职。

③ 基尼系数被定义为劳伦茨曲线之间的面积（绘制人口累计份额的曲线从最贫穷的到最富有的，对应他们所获得的收入累计份额）以及作为整个三角形比例的 45 度线。基尼系数值的范围在 0，即"完全平等"（每一份额的人口得到相同的收入份额）和 1，即"完全不平等"（所有的收入归具有最高收入的个体）之间。给出的数字就是"可支配家庭收入"，也就是说，在交税和转让之后的收入。阿姆斯特丹都市区包括大约 8% 的荷兰总人口。

虽然荷兰通过这一措施在 30 个经合组织国家中排名第 9，但在人口底部十分位数的收入流动上，只有卢森堡和挪威超过它，挪威的数字仅比荷兰略大一些（经济合作与发展组织，2008：37）。与不平等相比，低的住房成本对普遍福利的贡献通常被忽略了，因为这些研究衡量个人收入流动而不是成本结构。因此，事实上，阿姆斯特丹的大多数家庭仍然住在保障性住房里，这意味着他们的可支配收入减去住房成本可能大于通过基尼系数衡量的数值。① 然而，持续上涨的租金将会削弱这一因素。

　　总体而言，考虑到多元性、民主、公平这三个标准，阿姆斯特丹仍堪称典范。社会政策确定了一个底线，在这个底线下，人们不会生活得更糟；虽然有许多富裕的阶层，但在伦敦和纽约很少有明显的财富过度分化迹象。民主参与是受到鼓励的，决策权力和资源被充分分散，来强化民主参与的影响。这个城市的人口是多元的，这种多元性在大多数社区和公共空间可见一斑。阿姆斯特丹未必是理想的城市，它比过去少了些平等，但它仍然代表了一个模式，这是其他城市可能向往的。

164

---

① 　在这里我认为，阿姆斯特丹都市区代表了荷兰作为一个整体的表现。

走向正义城市

在本书的开始部分我列举了下列问题作为讨论的基础：

1. 在富裕的西方世界里，构成正义城市应具备什么特征？

2. 在何种程度上，正义城市的特质在西方城市近代历史中得以实现，代表者如纽约、伦敦和阿姆斯特丹？

3. 塑造了这段历史的经济和社会力量、政治、规划和政策是什么？

4. 在低于国家的层面上可以遵循何种策略来改善社会公正以及何种机构/社会运动可能会带来这些策略？

关于第一个问题，我早已讨论过。公平、民主和多元性是构成城市正义的三个主要特征。然而，有时这些标准可能会在内部和彼此之间发生冲突。在第三章、第四章和第五章里，针对这三个标准，我提出了对纽约、伦敦和阿姆斯特丹的评价，并部分谈及第三个问题。在本章我要讨论形成这些城市历史的力量。然后，我尝试从这些不同的经验中，提炼出一套广泛适用的政策规范。我的假设是，任何一种情况都可能导致对公平，多元性和民主参与的大原则进行不同的解释，但是，一些普遍准则在三大价值观和具体行动之间仍然适用。我的做法符合雷纳·福斯特（2002：238）在《公正语境》中提出的论点："普遍解释的原则是超越语境的，不是在这

165

种意义上它违反了个人环境和集体的自我决定，而是在这个范围内它指定了最低标准，在这些标准中重申了自决权"。

福斯特的说法呼应了努斯鲍姆（2000：6）的观点，即能力是有阈值水平的［潜在意义是"像有尊严的自由人那样生活，塑造他或她自己的生命"（72）］；低于这个水平就牺牲了正义，政府有义不容辞的责任对其可用性提供社会基础，虽然不是为了真正实现。以某种程度上类似的风格，杨（1990，第2章）列出了压迫的形式并演绎正义为免于这些类型的压迫；换句话说，虽然她并没有具体说明特定的政策，但提出了不受压迫最低水平的自由作为正义的构成。努斯鲍姆和杨所制定的规定指向政策评价标准，但是她们没有进一步找到并说明什么样的政策将带来她们所期望的结果。我的论点是不说明最低标准，而是强调公平、多元性和民主这三个价值的最大化，如同在一套规范中通过它指导和评估政策所表达的那样。这些标准本身并不表明存在多少价值，以符合正义的标准，也没有显示哪些权衡是可以接受的。因此，我再进一步寻求以确定各种可用的政策来提供给地方的决策人，那样有可能增加由三个标准衡量的公正。这样做的目的是规定程序，这将有利于处于相对弱势的社会群体并呼吁决策者在选择特定的策略时做出正义影响声明。

政策背景

在这三个城市中，对正义的需求可以追溯到19世纪的激进主义和经济大萧条时期采取的危机应对措施。二战以后，努力建设保障性住房和城市机构以满足低收入家庭的需求加强了。战争结束至1975年这段时期常常带有福特主义简略表达的特征，指一段时间内西方的城市经济是由工厂生产为主。① 尽管福特主义阶段何时

166

---

① 福特主义和后福特主义的实用性和推广性一直备受争议（见阿明，1994）。我在这里使用它们作为方便标签来指定这个时期，而不是必然接受构成它们基础的理论。

出现至今尚无精确界定，这一阶段在各国出现的时间仍各有不同，但总的来说，战后时代其全面开花，伴随着凯恩斯主义福利国家的鼎盛。具有时代意义的都市政策在相对的社会同质性和强大联合的背景下发挥了作用。① 在西欧，甚至在美国，国家政府在资助和指导地方福利及发展计划方面都发挥了重要的作用。

就实施计划而言，计划具体的影响力因地方的不同而不同，这涉及国家因素与地方因素。来自下层和政治官僚的联合压力共同推动了基础广泛的方案的产生，它被公认能给多数人提供好处。城市并不是国家政策的重点；然而，许多社会方案，特别是住房，也包括健康和福利，对城市人口有主要的影响。在解释采用战后时期的再分配政策时，赛达·斯科克波（2003）引用了美国退伍军人协会推动的退伍军人计划的案例。她认为它们是由于多数人的支持能实现更大社会正义的典型政策，尽管美国退伍军人通常与右翼的观点有关。虽然斯科克波的注意力是在美国，我们也可以在欧洲发现类似的具有广泛基础的运动，这些运动推动了战后社会福利计划。虽然左派政党和工会肯定是此类运动的关键组成部分，但保守的基督教民主党也支持社会计划，而官僚委员会往往是政策思想的来源。

尽管如此，或是部分因为社会计划的多数主义性质，战后时期还包括凌驾于低收入群体的市区重建政策，以美国为例，推动了郊区化和随之而来的超隔离。换句话说，以再分配措施为基础的联合政府导致了回归以及渐进的变化。士兵福利法案被斯科克波引为典范，而为大部分人口提供的住房和教育的再分配，或隐或显地剥夺了非洲裔美国人的许多住房和教育福利。由保守的共和党参议员罗伯特·塔夫脱倡议的1949年住房法案，制定了美国公共房屋计划，但属于妥协的一部分，产生了中心城市商业利

167

---

① 　在某种程度上国家之间有一个巨大的差异，显示在城市政治的自治领域。在福特主义时期，在欧洲范围的权力下放之前，美国城市自治权比西欧大得多。见皮克万斯（Pickvance）和普瑞泰赛勒（Preteceille）（1990）。

益的优势和损害工人阶级社区的都市更新。斯科克波（2003）抱怨，由于鼓吹特殊利益的人阻碍了后福特主义时期拥有广泛利益的再分配项目，公众之间的裂痕不断增大。然而，这样的项目经常被证明在管理中遭到漠视或有意隐瞒，雇佣的"街头官僚"闯入工人阶级和穷人的生活，以令后者深感不满的方式（利普斯基，1980）。尽管他们有平等的目标，但公共官僚机构管理的国家福利计划于20世纪60年代和70年代在美国和西欧产生了对抗性运动。正如卡斯特（1977）所指出，城市的官僚机构而不是资本家成为运动的目标，这些运动旨在实现公平和认同。

因为社会福利计划而受影响的人口都集中在大都市地区，对公共项目的质量和在其执行过程中感觉到歧视的抗议主要发生在城市。城市成为竞技场，其中种族和族裔群体之间的冲突经常发生，城市同时也成为性自由运动的诞生地。[①] 60年代与70年代早期的暴动源于各种利益冲突。这些暴动往往跨越阶级并带有群体认同的基础（黑人、同性恋者）或意识形态（女权主义者、环保主义者），或两者兼而有之。它们的成功体现在获得了具体的利益，特别是在关于招聘或得到资金用于住房建设方面，但其相对有限的基础意味着它们寻求的让步缺乏普遍适用性，因此没有在政治上获得多数人以及更多的支持。新自由主义的崛起和可感知到的共产主义威胁的终结减少了各国政府以实现1975年以前广泛的再分配目标以及这个时代末抗议者们要求的规模有限的方案的压力。然后，理论家们预见社会福利计划的退出如同产生合法性危机一样，与之相反，面对顺从局面时，一个保守的、以市场为导向的政策方法取得了胜利。[②]

---

① 卡斯特（1983）；费恩斯坦和费恩斯坦（1974）；皮文和克洛尔德（1971）。

② 詹姆斯·奥康纳的《国家的财政危机》（1973年）一书认为，在富人之中结合反对税收的情绪和让步于弱势群体已经不可避免地导致财政危机。他没想到的是，随之而来的裁员会遇到这么少的阻力。阿卡利和莫迈尔斯坦（1997）在市区范围内发展了他的论点。也见布洛克（1981）。

现在已经出现大量分析从 1975 年的财务危机和利润下滑到 2007 年 9 月全球金融危机这段时间的文献。多种因素最终使福特系统动摇，正如它一直运行那样。① 在经济结构中，劳动力的需求减少，这是因为工业资本的增加和非西方的生产地点的兴起打破了在大规模生产工业内已建立的工人阶级团结。② 黑人移民从美国南部移动到北部城市，来自世界各地的经济和政治难民涌入富裕国家，加剧了就业竞争。工会失去了会员，基于工会的政党的政治影响力削弱了，欧洲左翼政党和美国民主党支持者的社会构成改变了。③ 在通信和计算机化方面的技术突破允许资本的快速流动和经济的全球化，使各地越来越容易受到投资者突然撤资的影响。中产阶级内部高度发达的个人主义和消费主义，伴随着对看似反应迟钝的政府官僚机构的反抗，使得部分公众接受一种思想，它有利于解除管制和对市场过程的依赖。发生在 60 年代后期，并延续到 70 年代的城市政治运动受到保守主义的冲击而减弱。④

凭借这种力量，城市规划和政策越来越面向一个焦点即通过公私合作经营的方式来鼓励发展，在这里介绍三个研究案例。虽然这些都不是珍妮佛·鲁滨逊（2006）描述的一定意义上的"普通城市"——也就是说，它们当然不同于发展中国家的城市，甚至在经济的重要性和全球连通性方面也不同于它们自己国家的大部分城市——但此类项目的制定和它们周围的冲突是很典型的。

169

---

① 在一本 1980 年出版的书中，卡斯特在鉴定系统性问题上表现出极大的先见之明，这些当时还在酝酿中，将迫使全球经济体系重组。

② 在拉丁美洲和亚洲这样新兴的工业化国家中，生产以分公司和国际公司的子公司，以及位于本土的竞争对手为基础。见格利克曼和伍德沃德（1989）。

③ 英国工党转化为新工党，放弃了社会主义的愿望。美国民主党向中心移动，大陆的共产党消失，而在欧洲大陆的社会民主派缓和自身的要求，它们常常被激进的绿党挫败，而非再分配项目，或以红－绿联盟的形式与后者结合在一起。

④ 作为对 1975 年后起作用因素的概述，请参阅卡斯特的（2000Ａ，2000Ｂ，2004）权威性三部曲，《信息时代：社会，经济，文化》。可以列出数百，甚至数千种针对本节简要概括之主题的书籍和文章。我在这里不多谈，因为除了本书关注的内容外，我无法补充新的关于当今不公正之原因的论述了。

在三个案例的变化程度上，在某种程度的全球化力量和国家政治现有的结构里，我们可以期待拥有一个更加正义的城市。

指导规划和政策的原则

这种主张即有意义的正义在城市中是可以实现的，在全球资本主义的当代系统内引发了两种可能的反应：（1）在这个系统内它不可能实现一个起码的正义。（2）非改革派的改革压力可能会导致系统中的增量变化，将把它推向正义的道路。倾向第一种反应的哈维（2009：46）声称："在现有的提倡权利和自由的资本主义制度中采取行动……［只能导致］在一个不公正的制度边缘减缓出现最糟糕的结果。"我个人的观点是，有足够的回旋余地存在，由政治动员支持的改革可以产生重大的变化。这两种观点并不是完全不可调和的——由群体表达的需求，如为了一个新经济的城市联盟与洛杉矶联盟的权利以及反对全球化示威中表达的需求的确代表了以不完全革命的方式重建全球资本主义体系的努

170 力。哈维（2009：48~49）自己把参与式预算作为一种治理的集体形式，事实上，它出现在资本主义语境中。他同时认为"一个公正的城市总是处在激烈的冲突中"（2009：47）。人们会怀疑，民主参与和激烈的冲突可以兼容，是否大多数人都希望生活在一个持续的战斗状态中。哈维（2009：45）引用了社会学家罗伯特·帕克的话，称城市人类最成功的尝试就是塑造"他心中渴望"的世界。但是无止境的激烈冲突真的是大多数人的愿望吗？我的目标是制定原则，可以使城市更接近正义，这无疑会涉及支持者，令他们的矛盾不容易解决，但为了它们的实现，不能依赖革命性的变化。

在西欧，一种提供全民医保发展的分析声称，已采取的不同形式是路径依赖的结果："每个（国家体系）都是完全不同的，很少有意识形态的原因。而每个国家都建立在它自己的历史上，

但不完善，不寻常，也不整洁"（葛文德，2009：30）。我们可以
预期，政府干预的形式以及在提供住房与地方经济发展中的非营
利活动同样也会根据城市和国家及历史发展道路的不同而变化。
然而，我们可以想到一项与住房、经济发展和获得公共空间有关
的以增强公共性为共同目标的运动。下面列举了在城市中有利于
社会正义，且不需要详细解释何种制度形式或立法者将推行它的
政策类型。

　　以通用标准来定义城市正义无疑超越了严格的道义论哲学家
所能接受的程度。① 此列表具有更多的环境依赖性以及比努斯鲍
姆的能力展示更详细的介绍。② 尽管只通过实践可能远远达不到
理想之地，但它仍假定社会具有预先存在的对民主平等规范的承
诺，以及应用这些规范的历史。我的罗列内容中的规划和政策只
适于在地方一级推行；虽然国家政策严重限制或推动当地努力实
现公正，但各地仍有权力做出或多或少有利于正义的决定。③ 该
罗列如下所示。

秉承公平：

　　1. 所有新的住宅发展应该为低于中等以下收入的家庭提供住
房，在当地或其他地方，以给每个人提供一个像样的家和适宜的
生活环境为目的。（但是，关系到住房，一个最棘手的问题是在
何种程度上租客选择应限制在可能成为好邻居的人中间。在这方
面，该标准的公平和民主，以及不同的计算公平的方法相互抵触，
并没有通用的规则可以应用。另一个问题使民主决定权与公正的
多元性相对应，原因是房屋的供应危机导致在高密度下建造住房

---

① 努斯鲍姆（2000：78），在她的能力列表中详述了涉及公共政策的某些必要
　条件，包括足够的住房，适当的教育和不受歧视保护。
② 芬彻和艾夫森（2008：214）在以下类别中提供了一个类似的，但更短的清
　单"规划再分配""规划识别"和"规划相遇"。
③ 公正的国家城市政策的组成部分比较复杂，在此不做讨论。马库森和费恩斯
　坦（1993 年）为美国发展了国家城市政策的基本部分。

的压力。然而，增加密度的建议往往遇到居民的强烈反对，尽管如此，如果要求有大量的经济适用房，他们会提高多元性以及公平。正如在伦敦工党的领导下，情况一直如此）。

2. 已开发的可以负担得起的房屋住宅应永久的保持为经适房或接受一对一的替换。（直到最近，美国法律才要求一对一替换被拆毁的公屋，但这一规定被终止了）。

3. 除非在特殊情况下，家庭或企业应该自愿搬迁，目的是获得经济发展或社区平衡。搬迁是为了公共设施建设的需要，为提高住房质量，或增加密度，以容纳更多的人口，充分的赔偿要求给予足够的手段使受打扰的住户可以占有相等的住所或营业场所，无论他们是承租人或业主，且不受失去位置的市场价值的影响。重建社区工作应当逐步进行，使流离失所，希望住在原来位置的家庭在附近找到暂时可用的空间。

4. 经济发展计划应当优先考虑员工的利益，并在可行的情况下优先考虑小型企业，小型企业一般都比大企业更加根植于当地。所有新的商业发展应提供足够的空间为公众所用并且在可能时应促进独立和合作经营企业的生计。

5. 大型项目应受到严格审查，以就业规定、公共设施和生活工资的形式为低收入人群提供直接的利益，如果涉及公共补贴，应使公众参与利润分配。如果可能的话，大型项目应该进行增量开发，并令众多开发商参与其中。

6. 市内交通费用（但不是通勤铁路）应保持非常低的水平。低收入人群明显依赖于公共交通。地方政府有权影响收入分配，通过对汽车征收道路通行费和税费，将指定收益用于运输支持。别无选择只能搭乘汽车上下班的低收入人群应该获得折扣。

7. 规划者们应该在协商要求平等的解决方案和限制那些明显使富人受益的计划方面起积极的作用。

为促进公平，列举的政策指令对在三个城市中讨论过的当前城市规划所产生的最紧迫的问题做出回应。增加经济适用房供给是最迫切的需要，但是，至少到 2008 年和 2009 年的经济危机时，所有三个城市都一直参与其中，而非仅仅参与为低收入者提供有限住房的大型项目（费恩斯坦，2008）。虽然许多项目（例如，纽约炮台公园城；伦敦的斯特拉特福德市；阿姆斯特丹的西部花园城市）是为了提供新的、高质量的住房和包括一定比例的低成本住宅单元，但它们主要涉及受影响地区社会结构的转型，目标是高收入群体。针对本文的写作，融资问题正阻碍未完工住宅项目和商业发展的全面实现；尽管信贷市场持续萎缩，只有体育设施（洋基、大都会，以及纽约的喷气式体育场和伦敦奥运会场馆）仍继续修建。这是三个城市面临的有关住房供应和负担能力的严重问题，并且在美国和英国抵押品赎回权很流行（在英国意为收回）。致力于发行扩大经济适用房股票的做法在美国最为罕见，即使荷兰也只是增加对需求方补贴的依赖而不是住房建设。

　　为了促进多元性：

　　1. 家庭不需要为获得多元性而搬迁，但也不应建立产生进一步隔离的新社区。

　　2. 分区不应被用于歧视，而是应该促进包容。

　　3. 区与区之间的边界应该能够相互渗透。

　　4. 充足的公共空间应该得到广泛和多样性的使用；公共空间是由私人机构提供，政治演讲在住宅区内不应该被禁止。同时，生活方式有冲突的团体不应该占据同一块位置。

　　5. 为了增加实用的程度和满足受影响人群所需，土地应混合使用。

　　6. 公共机构应该帮助那些在历史上遭受歧视的团体获得住房、教育和就业的机会。

　　夸梅·安东尼·阿皮亚（2006：XV）使用术语"世界主义"来表达他的观点，我称之为多元性。他确定了这个概念的两个部分：（1）除了那些通过血液或国籍与我们相连的人，我们对其他人也存有义务；（2）我们认真对待别人的人生观，包括对令他们感到重要的实践和信仰感兴趣（相当于我们认同，根据其他哲学家的说法）。① 遵守这套指导方针来尊重多元性并不意味着强制人们远离住在隔壁的每个人。事实上，人们应该有权保护自己免受那些不尊重他们生活方式的人的影响。重要的是，人们没有因为归属特征，如性别、种族特点或无家可归被区别对待和被排除。

推进民主：

1. 团体不能直接参与决策过程，应由提倡者代表。

2. 如果该地区已被开发，规划应该通过对目标人群的咨询来开展。然而，现有的人口不应该是一个地区未来的唯一仲裁者。必须考虑全市范围的意见。

3. 在规划无人居住区或人烟稀少的地区时，应该有广泛的协商，包括目前居住在受影响区域之外的团体代表。

不需要对不想参加的人的参与水平有过高期待。在决策中，包含的目的应该是确保利益被公正代表，而非彰显参与本身的价值。如果正义是目标，那么民主的要求是起主要作用的——没有它，那些力量弱的人很可能受到虐待。民主理论认为，民主本身是好的，它是人们进行自我教育和达成理解自身利益的好方法，也是公民的表达方式。我的目的不是要争论这些其他目标，而是强调对正义成果而非其优势的讨论，从而不优先考虑民主而更重视公平。

国家与市场

假设在一个自由民主的政治传统背景下，指导方针将反映出

---

① 乌尔里希·贝克（2006）认为，在一个全球化的世界中，世界主义是必要的，它反映了一个交织的不可逆的过程。

这是一个市场一直在资源配置中起主导作用的社会。政策规范不要求政府接管这些功能，如住房或营业场所。然而，他们确实需要通过调节和增加一些公有制因素而大幅度地增加政府的参与。因此，通过政府营利性和非营利性部门发展经适房的行为可能产生，但是，这取决于慷慨的公共补贴和干预。同样，公共空间可能会被政府或私人拥有，但如果是后者，则应受到实质性的约束。

在这些政策方针的指引下，我们能设想出一种框架吗？它可以保持市场的协调，同时使政府发挥更大的作用。安德鲁·塞耶和理查德·沃克提出一种社会市场经济的观点，它提供了比标准的资本主义模式更多的纬度：

> 对经济协调问题的经典答案已通过企业和市场加以验证。凭借所有权和权力赋予，资本主义控制公司的内部组织，而在许多公司之间，价格机制起协调关系的作用……但是经济一体化的问题不是通过企业和市场的简单二重性所能彻底探讨并加以解决的。许多其他的组织模式仍然存在……在这些不同体制框架中，有几种整合方式在起作用，除了交换和等级制度，还包括说服、互惠、勒索和指示性规划。（塞耶和沃克，1992：6）

根据这一推理，有必要认识到经济组织的多种形式和"无论它们是提供教育、电力、食品、书籍，广播、儿童保育，还是假期，如果不考虑背景和与之协同的活动，（没有一种特定的整合模式）可以完全得到支持或谴责"（塞耶和沃克，1992：269）。他们的论点旨在通过一种渐进的办法来增加公平就业机会、公共空间、住房及其他社会化的商品和服务，采用各种激励的和基于市场的手段。这意味着在机会出现的时候能够意识到并不断推动一个更加正义的分配。

关于公有制的范围，国家的背景是至关重要的。在美国，国家对城市项目的补贴已经坚定地转向支持私营部门的行动。逆转必须是在国家一级，从而在很大程度上超出了地方自决权。欧洲也已走向公私伙伴关系和住房私有化，但政府规制和所有权仍比美国更为突出，并且公有制享有更广泛的支持。作为一项原则，公共补贴使大型项目进一步发展，公众应该分享利润。

在小企业发展中，政府的公平参与也是一种可能性。在 20世纪 70 年代，大伦敦市议会在肯·利文斯顿的领导下，建立了大伦敦企业董事会（GLEB），赞助贫困地区的小型和中型企业。它由一个贷款人运作，这是一个介于金融机构和借款人之间的机构，一个提供经营场所的房东，并提供咨询服务（费恩斯坦，2001a：91~92）。它的巨大成功是在没有政府支持的情况下能够持续下去，且证明了国家创建的实体无法有效运作这一前提的虚假。①

在欧洲和美国，地方政府有权将资源引入非营利部门而不是完全依赖与私人开发商的交易，而作为对政府之慷慨的回报，他们添加了一项公共利益作为其项目的组成部分。更加依赖非营利组织的行为，将需要保证资金并确保它们的寿命，这会产生一种公私混合体，虽然有一些可计量的损失，但比由政府直接操作项目更能减少官僚作风。欧洲住房协会和美国社区发展公司（CDC）都为了建造住房而利用慈善事业和公共补贴相结合的方式，社区发展公司同时也支持商业企业。在这本书所描述的三个城市中，使用公共资金的自治的非政府组织（NGO）有重大的责任来实施住房和社会福利政策。然而，它们往往被挤出繁荣时期的市场。土地银行业的使用，正如在阿姆斯特丹所做的那样，可以缓解这一问题。政府的作用是规划土地使用及释放土地；私人和非营利部门执行实际的开发。

非政府组织经常面临的问题是供资的不可预测性和难以获得

---

① 玛格丽特·撒切尔夫人的全国胜利之后，GLEB 被分拆为一个独立的实体。现在所谓的大伦敦企业（GLE），是由 33 个伦敦地方当局拥有，但它对董事会负责，董事会主要由私人和非营利部门的个体组成。

反对具体项目的现有员工的支持。解决这个问题的方法包括成立住房信托基金，利用贷款池和回收商业企业所持有的股票收入。GLEB 模式和一些美国社区经济发展公司的活动提供了可能性的例子。其目标是尽可能更多地迁移出重要的地区，这些地区因市场分配产生的不公正直接影响着大部分人的幸福感。[①]

正义政策发展的因素

许多团体反对新自由主义，要求更大的民主。然而，现实主义要求更好的表现而不仅仅是更广泛的参与。曼斯布里奇（2009）区分"制裁"和"选择"之间的表现模式。就前者而言，代表只需承担责任，如果他们没有充分代表他们的选区，可能被免职；而对后者来说，代表"已经有上进心，因外在原因做了……（选民）想要做的事情"（曼斯布里奇，2009：369）。她认为，使用选择模式可以缓解社区对持续参与的要求，同时允许投入：

> 如果我们把民主政治的代表视为委托代理问题，一个选民可以合理地希望采用一个选择模式以及节约监督和制裁，只要当代表的既定方向和政策很大程度是那些选民的愿望并且代表也名副其实，且既能胜任又诚实时。在选择模式中，代表对选民的责任通常会表现为叙事的形式，甚至是协商责任而不是基于监督和制裁的责任。在叙事和协商责任中，代表解释她行为的原因，甚至（在理想情况下）参与和选民的双向沟通，特别是其本人喜好与选民的喜好背离时。（曼斯布里奇，2009：369~370）

曼斯布里奇的论点只是探讨了使选出的代表回应选民的需要这一问题。然而，这里我们所关注的也包括未经选举产生的政策

[①]　见德菲利皮斯（2004）讨论以社区为基础的非营利性企业的潜力。

制定者，那些为国家的官僚机构工作的人和那些提倡在公民社会里建立社会团体的人。在这两种情况下，需要参与者去促进正义政策，他们这样做无须受到他们代表的那些人的不断监督和激进主义的影响。

在我对这三个城市政策发展的描述中，我认为，如果减少对一系列政策公平性的要求，阿姆斯特丹则表现得更强一些。在伦敦，一个民主社会之风仍在一定程度上盛行的地方，来自开发商的要求比在纽约的实例要多。在伦敦和阿姆斯特丹，政府对于住房的直接贡献也大于纽约，因为中央政府在扶持经济适用房发展中发挥了更大的作用。然而，即使这些城市也很大程度上取决于市场驱动部分项目的营利能力。只有三种建筑形式具有为私人开发商带来更大利润的潜力：豪华住宅和酒店、大面积的办公大楼以及购物商场。在某种程度上，由利益驱动的房地产投资收益在整个社会中的分配取决于政府对公共利益的承诺，尤其是在荷兰这样的福利国家，这种利益分配是最大的，尽管有时也会有所萎缩；在美国，这样的利益分配是最少的，国家在住房和社会福利上的支出规模小意味着低收入的群体几乎完全依赖渗透效应来从新的开发中获益。

另一方面，美国的城市在吸收外来移民方面显得更加灵活，尽管有一些反移民情绪，但许多城市政府认为这些移民振兴了地方经济。对不同城市中大多数居民容忍移民的程度做出概括是困难的，每个国家对移民所持的观点也不尽相同。然而，美国的城市显然变得极为多元，不管是否真诚，多元文化已成为散播在学校系统和全国各地公众集会中的官方信条。

在写这本书时，城市政策的未来是极其不确定的。过去几十年里已经完成了城市结构和城市规划工作重点方面的重要转变。战后政策反映了大规模提供住宅，促进办公楼和大型零售发展，依赖汽车和分散的土地使用的福特主义策略。后福特主义的时代已经见证了向旅游促销方面的转移，文化独特性和中产阶级化的开发，

179

以及城市空间的商品化（霍夫曼、费恩斯坦和贾德，2003）。参与政策制定的群体范围扩大了，虽然在某种程度上对非商业利益的极为盛行是有疑问的，并且各个地方看法不一。从公正和多元性的最大化角度来看，这些变化是一把双刃剑。一方面，统一性在规划万神殿中已经失去了它的价值，少数民族群体被视为能够增加城市的吸引力。中产阶级化使社区至少是暂时更加多样化，空间的商业化使城市更具吸引力。另一方面，种族地区已成为游客关注的对象（厄里，2003），移民来的工人经常受到剥削，城市空间的分化也正在变得越来越具有人造性。在提供入门容易的工作方面，旅游业和消费者服务业已经代替了制造业，随之而来的是工资水平和工会化的产业工作带来的收益损失。

城市功能的全面转型取决于以消费者为导向的经济，在目前正处于危机之中。2008～2009 年的经济下滑呈现出的特点是信贷市场的崩溃，失业率上升，可支配收入缩水，地方政府的预算危机，因此城市的经济基础成为很大的问题。主导了过去几十年的各类投资是以城市中心某些服务的再集中以及富裕人群中日益增长的对城市生活方式的需求为前提的。所有这一切都仍然指望不上。因此，我心怀忐忑，通过提出一些一般性的策略来实现我上文所述的政策指导方针，并得出本书的结论。

策　略

规划人员和政策分析人员在公共官僚机构、私人营利咨询公司和非营利性组织工作。他们缺乏独立推行政策的权力，并受到政治雇主和客户的限制。然而，该群体有一个明显的优势，那就是他们有权决定政策的形成。马克斯·韦伯（1958：232）评论说，官员可以利用信息控制使他们的政治上司屈从于他们的意志："在正常情况下，一个充分发展的官僚体制的权力地位总是压倒性的。'政治雇主'发现自己处于站在'专家'对面的'外 180

行人'的地位，面对着站在行政管理系统之中训练有素的官员。"很多规划和政策发展涉及对数据的收集和汇总，以及选择如何将其呈现。在某种程度上，专家呈现的分析不仅是为了效益/成本比率，而是谁得到效益和谁承担成本，他们可以把辩论转向对公平的关注。

但是，这样做，他们需要一些政治基础的支持。在这方面，公民积极性是重要的，不是因为公民在其协商工作中总是甚至主要是把正义放在他们的价值最高层级，而是因为他们有兴趣知道谁得到什么。为了对我做的关于正义城市的演讲做出回应，詹姆斯·思罗格莫顿写道：

> 作为一名当选官员，我的经验使我认为任何特定的城市规划师不能（并且不应该）仅仅独断地声明，他们的目的是创造正义城市。在代议制民主的背景下，他们必须被授权去想象、表达、追求、实现一个正义城市的美景。这意味着一个动员起来的选区将被迫寻求改变。（个人通信，2006 年 1月 28 日）

从现实政治的观点来看，思罗格莫顿是完全正确的——没有一个动员起来的选区和提供支持的官员，就不能实施正义的对策。但无论授权与否，正义是一个不断地极力要求并在评估决定时可以有效地加以利用的目标。很容易跟随开发商和政客们的领导，他们使经济竞争力具有最大优先权并很少或根本不考虑正义问题。

如果设计好的话，公民参与方案能引发理想的规划结果。明尼阿波利斯邻里振兴计划（NRP）（见第二章）就是一个典型。其中城市里的每个居民区，包括富人区都得到一笔花在他们社区上的钱。但是，金钱总额根据居民区的类型来分配，以便贫穷居民区得到的钱大大超过富裕的居民区。事实上每个人都付出了一些东西使计划在政治上可行即使是再分配。在他们的规划工作中，要求邻里组织监督规划过程的包容性，从而实现多元性和民主的目标。虽然结果是不均衡的，在许多社区房屋业主主导了这一进程，然而该项目仍然成功地将资金从发展中心城区转移到社区的改进方面，并在几个街区面向低收入和中等收入的居民，有助于为他们改善住房、社会服务和公共设施。[①] 纽约的社区规划委员会制度在调动资源引起社区变化来支持困难群体方面是不成功的，因为董事会的职责是提供咨询，会员是由行政区主席和市议会而不是社区组织任命，它们不提供财政资源的分配（马库塞，1987）。阿姆斯特丹市区人民政府管辖的地区范围比纽约的社区或伦敦的自治市实质上要小得多，但是拥有类似伦敦地方当局的规划和预算权力。因此，伦敦和阿姆斯特丹都没有可以与明尼阿波利斯的实验相提并论的社区规划机构，它们的规划和分配的权力比纽约的更为分散，它们也都没有相当大的权力，以及利用非精英的利益来影响规划过程的潜力。

除了获得批准的参与方式外，抗议运动对更公平的政策是至关重要的。在没有来自下面的压力时，官方参与性机构很有可能成为共同的选择；当有来自下面的威胁时，政府变得更加积极地回应大众的利益。当我撰写本文时，美国和西欧的经济面临着大萧条以来最严重的危机。在世界的某些地区，它掀起了抗议，在某些情况下是骚乱，但到目前为止这些骚乱已相当有限。平静是否将持续下去则无法预料，这在很大程度上取决于情况是否会恶化以及危机得以解释的意识形态框架。粗略地考查一下历史，可以发现危机既能够推动进步运动，也能够制造倒退运动。第一次世界大战和大萧条在美国和欧洲的大部分国家引发了社会改革，但是在自由民主国家也引起了法西斯主义、纳粹主义、斯大林主义和右翼运动。

对文化认同的强调始于 20 世纪中后期，进入新千年后，它

---

① 法戈图和冯（2006，19）；又见费恩斯坦和赫斯特（1995 年）。

已经被一种对经济部门以及在经济崩溃时资本主义金融机构所起作用的关注所吸纳。即使在美国，在人们对大企业和财政首脑不合实际的收入持有消极看法且无法宣泄的地方，阶级仇恨也变得无所掩饰。正如《纽约时报》指出，"关于金融企业高管的巨额薪酬得到联邦政府税收的支持而引起的公众愤怒不断增加"（安德鲁斯和巴贾杰，2009）。公众对于自己阶级的利益有了更多的意识，作为政府收购金融机构股权的结果，公司决策的政治化意味着经济差异从市场支配的私人领域里消除了。

福格尔桑（1986）认为，在涉及城市规划时，资本主义民主的矛盾在如下情况中会出现：

> 当需要对控制城市空间实施社会化来为维护资本主义创造条件时，这是一方面，另一方面是真正的社会资本的危险，就是民主化，控制城市土地。因为如果市场系统无法制造一个能够维持资本主义的建筑环境，那么依赖政府机构，尤其是一个正式民主国家的政府，将制造出一整套全新的问题，数量众多的非所有人将对地产获得太多的控制权。（福格尔桑，1986：23）

美国政府对拥有抵押贷款的金融机构的介入，以及各级政府为减少二氧化碳释放背负的压力，也产生了与福格尔桑所描述的完全矛盾的情况。因为私营部门本身不能有效应对次货危机也不能限制温室气体的排放，因而已被迫转向由国家开始来担负这一职责。然而，随着国家的介入，限制投资者的自行决定权和强调在政策制定中注入公正等开始凸显，这是非资本所有人的利益所在。

总之，对于在都市层面上所能实现的事情有明显的限制。然而，关心正义至少可以防止城市政权不自觉地取代居民，防止破坏社区，并防止造价昂贵的大型项目提供微不足道的普遍好处。它会引导政策更加积极地促进政府收入的公平分配，产生一个有活力的、多元性的以及便利的公共领域，并使目前被地方决策排除在外的群体的观点更加透明和开放。如果围绕着政策制定的论述重点放在决策的正义而不是简单的对竞争力的贡献方面，那么将获得更多的成果。论述和结果肯定是有联系的：如果正义是结果，那么，最重要的是论述的实质性内容最终得以实施，而非实施的程序如何。

184

参考文献

Abrams, Charles. 1965. *The City Is the Frontier.* New York: Harper and Row.

Abu-Lughod, Janet L. 1999. *New York, Chicago, Los Angeles: America's Global Cities.* Minneapolis: University of Minnesota Press.

——. 2007. *Race, Space, and Riots in Chicago, New York, and Los Angeles.* New York: Oxford University Press.

Ackerman, Bruce. 1980. *Social Justice in the Liberal State.* New Haven: Yale University Press.

Albrechts, Louis, and Seymour Mandelbaum. 2005. *The Network Society: A New Context for Planning.* New York: Routledge.

Alcaly, Roger E., and David Mermelstein, eds. 1977. *The Fiscal Crisis of American Cities.* New York: Vintage.

Altshuler, Alan. 1965. *The City Planning Process.* Ithaca: Cornell University Press.

——. 1970. *Community Control.* New York: Pegasus.

Altshuler, Alan, and David Luberoff. 2003. *Mega-Projects.* Washington, D.C.: Brookings Institution.

Ambrose, Peter. 1986. *Whatever Happened to Planning?* London: Methuen.

Ambrose, Peter, and Bob Colenutt. 1975. *The Property Machine.* Harmondsworth, U.K.: Penguin.

American Institute of Planners (AIP). 1959. "Urban Renewal: A Policy Statement of the American Institute of Planners." *Journal of the American Institute of Planners* 25, no. 4: 217–21.

Amin, Ash, ed. 1994. *Post-Fordism: A Reader.* Oxford: Blackwell.

Amsterdam Office of Research and Statistics. 2009. *Amsterdam in Cijfers* 2008. Bron:O+S. http://www.os.amsterdam.nl/publicaties/amsterdamincijfers/.

Amsterdam Physical Planning Department (APPD). 2003. *Planning Amsterdam, 1928–2003.* Rotterdam: NAI.

——. N.d. *Eastern Harbour District Amsterdam.* Rotterdam: NAI.

Amsterdam Research and Statistics. 2008. "Key Figures Amsterdam: Urban Development." http://www.os.amsterdam.nl/tabel/11324.

Andrews, Edmund L., and Vikas Bajaj. 2009. "Amid Fury U.S. Is Set to Curb Executives' Pay after Bailouts." *New York Times,* February 4.

Angotti, Tom. 2008. "Is the Long-term Sustainability Plan Sustainable?" *Gotham Gazette,* April 2008. http://www.gothamgazette.com/article/sustainability watch/20080421/210/2495.

Appiah, Kwame Anthony. 2006. *Cosmopolitanism.* New York: W. W. Norton.

Arden, Patrick. 2006. "Carrion: No Payback for Foes of Stadium: Claims of Revenge on Community Board 4 Greatly Exaggerated, Borough Pres. Says." *Metro New York,* June 15.

Arnstein, Sherry R. 1969. "A Ladder of Citizen Participation." *Journal of the American Planning Association* 35, no. 4: 216–24.

Austrian, Ziona, and Mark S. Rosentraub. 2003. "Urban Tourism and Financing Professional Sports Facilities." In *Financing Economic Development*, ed. Sammis B. White, Richard D. Bingham, and Ned W. Hill, 211–32. Armonk, N.Y.: M. E. Sharpe.

Baart, Theo. 2003. *Territorium.* Rotterdam: NAI.

Bagli, Charles V. 2006. "Megadeal: Inside a New York Real Estate Coup." *New York Times*, December 31.

———. 2008. "As Stadiums' Costs Swell, Benefits in Question." *New York Times*, November 3.

———. 2009. "Buyers of Huge Manhattan Complex Face Default Risk." *New York Times*, September 10.

Bai, Matt. 1994. "Yankee Imperialism." *New York Magazine*, July 25, 30–35.

Balbus, Issac D. 1971. "The Concept of Interest in Pluralist and Marxian Analysis." *Politics & Society* 1, no. 2: 151–77.

Ballon, Hilary, and Kenneth T. Jackson, eds. 2007. *Robert Moses and the Modern City: The Transformation of New York.* New York: W. W. Norton.

Barber, Benjamin. 1984. *Strong Democracy.* Berkeley: University of California Press.

Bartels, Larry M. 2008. *Unequal Democracy.* New York: Russell Sage Foundation.

Beauregard, Robert A. 1990. "Bringing the City Back." *Journal of the American Planning Association* 56, no. 2: 210–15.

Beck, Ulrich. 2006. *The Cosmopolitan Vision.* Translated by Ciaran Cronin. Cambridge, U.K.: Polity.

Benhabib, Seyla. 2002. *The Claims of Culture.* Princeton: Princeton University Press.

Bennett, Larry. 2006. "Downtown Restructuring and Public Housing in Contemporary Chicago: Fashioning a Better World-Class City." In *Where Are Poor People to Live?* edited by Larry Bennett, Janet L. Smith, and Patricia A. Wright, 282–300. Armonk, N.Y.: M. E. Sharpe.

Bennett, Larry, Janet L. Smith, and Patricia A. Wright, eds. 2006. *Where Are Poor People to Live?* Armonk, N.Y.: M. E. Sharpe.

Berman, Sheri. 2003. "The Roots and Rationale of Social Democracy." *Social Philosophy and Policy* 20: 113–44.

Berry, Brian. 2005. *Why Social Justice Matters.* Cambridge: Polity.

Blair, Tony. 2006. "Speech to Greater London Authority." April 4. http://www.number10.gov.uk/Page9281.

Blauner, Robert. 1969. "Internal Colonialism and Ghetto Revolt." *Social Problems* 16, no. 4: 393–408.

Block, Fred. 1981. "The Fiscal Crisis of the Capitalist State." *Annual Review of Sociology* 7: 1–27.

Blumenthal, Ralph. 1972. "Yankees to Stay 30 Years in Pact Approved by City." *New York Times*, March 24.

Bodaar, Annemarie. 2006. "Multicultural Urban Space and the Cosmopolitan Other: The Contested Revitalization of Amsterdam's Bijlmermeer." In *Cosmopolitan Urbanism*, edited by Jon Binnie, 171–86. London: Routledge.

Boyte, Harry C. 1980. *The Backyard Revolution.* Philadelphia: Temple University Press.

Brandsen, Taco, and Jan-Kees Helderman. 2006. "The Rewards of Policy Legacy: Why Dutch Social Housing Did Not Follow the British Path." In *Reform in Europe: Breaking the Barriers,* edited by Liesbet Heyse, Sandra Resodihardjo, Tineke Lantink, and Berber Lettinga, 37–57. Aldershot, U.K.: Ashgate.

Brecher, Charles, and Raymond Horton. 1984. "Expenditures." In *Setting Municipal Priorities, 1984,* edited by Charles Brecher and Raymond Horton, 68–96. New York: New York University Press.

Brenner, Neil. 1999. "Globalization as Reterritorialization: The Re-Scaling of Urban Governance in the European Union." *Urban Studies* 36, no. 3: 431–51.

Brindley, Tim, Yvonne Rydin, and Gerry Stoker. 1996. *Remaking Planning.* 2nd ed. London: Routledge.

Bronner, Stephen. 1999. *Ideas in Action.* Lanham, Md.: Rowman and Littlefield.

Brooks, Michael P. 2002. *Planning Theory for Practitioners.* Chicago: Planners Press.

Brown, Wendy. 2006. *Regulating Aversion: Tolerance in the Age of Identity and Empire.* Princeton: Princeton University Press.

Brownill, Sue, Konnie Razzaque, and Ben Kochan. 1998. "The LDDC and Community Consultation and Participation." *Rising East (Journal of East London Studies)* 2, no. 2: 42–72.

Brugemann, Robert. 2005. *Sprawl: A Compact History.* Chicago: University of Chicago Press.

Bruijne, Dick, Dorine van Hoogstraten, Willem Kwekkeboom, and Anne Luijten. 2002. *Amsterdam Southeast: Centre Area Southeast and Urban Renewal in the Bijlmermeer, 1992–2012.* Bussum, Netherlands: Thoth.

Buck, Nick, and Norman Fainstein. 1992. "A Comparative History, 1880–1973." In *Divided Cities,* edited by Susan S. Fainstein, Ian Gordon, and Michael Harloe, 29–67. Oxford: Blackwell.

Buck, Nick, Ian Gordon, Peter Hall, Michael Harloe, and Mark Kleinman. 2002. *Working Capital: Life and Labour in Contemporary London.* London: Routledge.

Buck, Nick, Ian Gordon, and Ken Young. 1986. *The London Employment Problem.* Oxford: Oxford University Press.

Buruma, Ian. 2006. *Murder in Amsterdam.* New York: Penguin.

Butler, Tim, with Garry Robson. 2003. *London Calling.* London: Berg.

Byrnes, Sholto. 2008. "This Sporting Strife." *Guardian,* October 26. http://www.guardian.co.uk/commentisfree/2008/oct/26/fitness-healthandwellbeing.

Cambridge Research Associates. 1998. "Regenerating London Docklands." *Report to the UK Department of the Environment, Transport and the Regions (DETR).* London: DETR.

Campbell, Heather. 2006. "Just Planning: The Art of Situated Ethical Judgment." *Journal of Planning Education and Research* 26: 92–106.

Campbell, Heather, and Robert Marshall. 2006. "Towards Justice in Planning." *European Planning Studies* 14, no. 2: 239–52.

Campbell, Scott. 2003. "Green Cities, Growing Cities, Just Cities? Urban Planning and the Contradictions of Sustainable Development." In *Readings in*

Planning Theory, edited by Scott Campbell and Susan S. Fainstein, 435–458. Oxford: Blackwell.

Canary Wharf Group. 2008. *Fact File.* http://www.canarywharf.com/mainFrm1. asp?strSelectedArea=Factfile.

Carens, Joseph H. 2003. "An Interpretation and Defense of the Socialist Principle of Distribution." *Social Philosophy and Policy* 20, no. 1: 145–77.

Caro, Robert. 1974. *The Power Broker.* New York: Knopf.

Castells, Manuel. 1977. *The Urban Question.* Cambridge: MIT Press.

———. 1980. *The Economic Crisis and American Society.* Princeton: Princeton University Press.

———. 1983. *City and the Grassroots: A Cross-Cultural Theory of Urban Social Movements.* London: Edward Arnold.

———. 2000a. *End of Millennium.* 2nd ed. Oxford: Blackwell.

———. 2000b. *The Rise of the Network Society.* 2nd ed. Oxford: Blackwell.

———. 2004. *The Power of Identity.* 2nd ed. Oxford: Blackwell.

Ceccarelli, Paolo. 1982. "Politics, Parties, and Urban Movements: Western Europe." In *Urban Policy under Capitalism,* edited by Norman Fainstein and Susan S. Fainstein, 261–76. Beverly Hills, CA: Sage.

Centre on Housing Rights and Evictions (COHRE). 2007. *Fact Sheet—Forced Evictions and Displacements in Future Olympic Cities.* Geneva: COHRE.

Chapple, Karen, and Edward G. Goetz. 2008. "Spatial Justice through Regionalism? The Inside Game, the Outside Game, and the Quest for the Spatial Fix in the U.S." Paper presented at the Spatial Justice International Conference, University of Paris X—Nanterre, March 13.

Chernick, Howard, ed. 2005. *Resilient City.* New York: Russell Sage Foundation.

Clapp, John. 1976. "The Formation of Housing Policy in New York City, 1960–1970." *Policy Sciences* 7, no. 1: 77–91.

Claval, Paul. 2000. "The Cultural Dimension in Restructuring Metropolises: The Amsterdam Example." In *Understanding Amsterdam,* 2nd ed., edited by Léon Deben, Willem Heinemeijer, and Dick van der Vaart, 59–92. Amsterdam: Het Spinhuis.

Clavel, Pierre. 1986. *The Progressive City.* New Brunswick, N.J.: Rutgers University Press.

Cohen, G. A. 2006. "Are Freedom and Equality Compatible?" In *Contemporary Political Philosophy,* edited by Robert E. Goodin and Philip Petit, 416–31. Oxford: Blackwell.

Cohen, Joshua. 1996. "Procedure and Substance in Deliberative Democracy." In *Democracy and Difference,* edited by Seyla Benhabib, 95–119. Princeton: Princeton University Press.

Cohen, Saul. 1964. *Progressives and Urban School Reform.* New York: Teachers College Press.

Cooke, Maeve. 2006. *Re-Presenting the Good Society.* Cambridge: MIT Press.

Corburn, Jason. 2005. *Street Science.* Cambridge: MIT Press.

Cross, Malcolm, and H. Entzinger. 1988. "Caribbean Minorities in Britain and the Netherlands: Comparative Questions." In *Lost Illusions: Caribbean Minorities in Britain and the Netherlands,* edited by Malcolm Cross and H. Entzinger. London: Routledge.

Crozier, Michel. 1964. *The Bureaucratic Phenomenon.* Chicago: University of Chicago Press.

Currid, Elizabeth. 2007. *The Warhol Economy: How Fashion, Art, and Music Drive New York City.* Princeton: Princeton University Press.

Dahl, Robert A. 1961. *Who Governs?* New Haven: Yale University Press.

———. 1963. *A Preface to Democratic Theory.* Chicago: University of Chicago Press.

———. 1967. "The City in the Future of Democracy." *American Political Science Review* 61: 953–70.

Dahrendorf, Ralf. 1959. *Class and Class Conflict in Industrial Society.* Stanford: Stanford University Press.

Davidoff, Paul. 2003. "Advocacy and Pluralism in Planning." *Journal of the American Institute of Planners* 31, no. 4: 331–38.

DeFilippis, James. 2004. *Unmaking Goliath.* New York: Routledge.

———. 2009. "On Globalization, Competition, and Economic Justice in Cities." In *Searching for the Just City,* edited by Peter Marcuse, James Connolly, Johannes Novy, Ingrid Olivo, Cuz Potter, and Justin Steil, 144–58. London: Routledge.

Dias, Candice, and Justin Beaumont. 2007. "Beyond the Egalitarian City." Paper presented at the Conference on Urban Justice and Sustainability, Research Committee 21 of the International Sociological Association, Vancouver, Canada, August 22–25.

Dieleman, F. M., and Sako Musterd. 1992. "The Restructuring of Randstat Holland." In *The Randstad: A Research and Policy Laboratory,* edited by F. M. Dieleman and Sako Musterd, 1–16. Dordrecht: Kluwer.

Dinwoodie, Robbie. 2008. "MSPs Back Motion for Lottery Cash Games Legacy." *Herald* (Scotland), September 26. http://www.theherald.co.uk/politics/news/display.var.2452951.0.MSPs_back_motion_for_lotterycash_Games_legacy.php.

Dreier, Peter, John Mollenkopf, and Todd Swanstrom. 2001. *Place Matters: Metropolitics for the Twenty-First Century.* Lawrence: University Press of Kansas.

Dror, Yehezkel. 1968. *Public Policymaking Reexamined.* San Francisco: Chandler.

Drury, Ian. 2008. "£525m Olympic Stadium Could Be Demolished to Make Way for Premiership Football Club." *MailOnline,* September 5. http://www.mailonsunday.co.uk/news/article-1052772/525m-Olympic-stadium-demolished-make-way-Premiership-football-club.html.

Dryzek, John. 1990. *Discursive Democracy.* Cambridge: Cambridge University Press.

Dwyer, Jim. 2009. "Yankees Claimed a Park; Children Got Bus Rides." *New York Times,* October 25.

Economist. 2005. "The New Dutch Model?" March 31. http://www.economist.com/world/displaystory.cfm?story_id=E1_PRDJRDN.

Eisenstein, Hester. 1983. *Contemporary Feminist Thought.* Boston: G. K. Hall.

Evans, Graeme. 2007. "London 2012." In *Olympic Cities,* edited by John R. Gold and Margaret M. Gold, 298–317. London: Routledge.

Evans, Peter B., Dietrich Rueschemeyer, and Theda Skocpol, eds. 1985. *Bringing the State Back In.* Cambridge: Cambridge University Press.

Fagotto, Elena, and Archon Fung. 2005. *The Minneapolis Neighborhood Revitalization Program: An Experiment in Empowered Participatory Governance.* Unpublished report, John F. Kennedy School of Government, Harvard University, February 15.

———. 2006. "Empowered Participation in Urban Governance: The Minneapolis Neighborhood Revitalization Program." *International Journal of Urban and Regional Research* 30, no. 3: 638–55.

Fainstein, Norman I., and Susan S. Fainstein. 1988. "Governing Regimes and the Political Economy of Development in New York City, 1946–1984." In *Power, Culture, and Place,* edited by John Hull Mollenkopf, 161–99. New York: Russell Sage Foundation.

Fainstein, Susan S. 1996. "Neighborhood Organizations and Community Power: The Minneapolis Experience." In *Revitalizing Urban Neighborhoods,* edited by Dennis Keating, Norman Krumholz, and Philip Star, 96–111. Lawrence: University Press of Kansas.

———. 1997. "The Egalitarian City: The Restructuring of Amsterdam." *International Planning Studies* 2, no. 3: 295–314.

———. 1999. "Can We Make the Cities We Want?" In *The Urban Moment,* edited by Sophie Body-Gendrot and Robert Beauregard, 249–72. Thousand Oaks: Sage.

———. 2000. "New Directions in Planning Theory." *Urban Affairs Review* 35, no. 4: 451–78.

———. 2001a. *The City Builders: Property Development in New York and London, 1980–2000.* 2nd ed. Lawrence: University Press of Kansas.

———. 2001b. "Inequality in Global City-Regions." In *Global City-Regions,* edited by Allen J. Scott, 285–98. New York: Oxford University Press.

———. 2005a. "Gender and Planning: Theoretical Issues." In *Gender and Planning: A Reader,* edited by S. S. Fainstein and L. Servon, 1–12. New Brunswick, N.J.: Rutgers University Press.

———. 2005b. "Planning Theory and the City." *Journal of Planning Education and Research* 25: 1–10.

———. 2005c. "The Return of Urban Renewal: Dan Doctoroff's Great Plans for New York City." *Harvard Design Magazine* no. 22 (Spring–Summer): 1–5.

———. 2008. "Mega-Projects in New York, London and Amsterdam." *International Journal of Urban and Regional Research* 32, no. 4: 768–85.

Fainstein, Susan S., and Norman Fainstein. 1974. *Urban Political Movements.* Englewood Cliffs, N.J.: Prentice-Hall.

———. 1976. "The Federally Inspired Fiscal Crisis." *Society* 13 (May/June): 27–32.

———. 1978. "National Policy and Urban Development." *Social Problems* 26: 125–46.

———. 1979. "New Debates in Urban Planning: The Impact of Marxist Theory within the United States." *International Journal of Urban and Regional Research* 3: 381–403.

———. 1986. "Regime Strategies, Communal Resistance, and Economic Forces." In *Restructuring the City: The Political Economy of Urban Redevelopment,* 2nd ed., by Susan S. Fainstein, Norman I. Fainstein, Richard Child Hill, Dennis R. Judd, and Michael Peter Smith, 245–80. White Plains, N.Y.: Longman.

———. 1994. "Urban Regimes and Racial Conflict." In *Managing Divided Cities*, edited by Seamus Dunn, 141–59. London: Keele University Press.

Fainstein, Susan S., and David Gladstone. 1999. "Evaluating Urban Tourism," in *The Tourist City*, edited by Dennis R. Judd and Susan S. Fainstein, 21–34. New Haven: Yale University Press.

Fainstein, Susan S., Ian Gordon, and Michael Harloe, eds. 1992. *Divided Cities: New York and London in the Contemporary World*. Oxford: Blackwell.

Fainstein, Susan S., and Clifford Hirst. 1995. "Urban Social Movements." In *Theories of Urban Politics*, edited by David Judge, Gerry Stoker, and Harold Wolman, 181–204. London: Sage.

Fainstein, Susan S., and Ken Young. 1992. "Politics and State Policy in Economic Restructuring." In *Divided Cities*, edited by Susan S. Fainstein, Ian Gordon, and Michael Harloe, 203–35. Oxford: Blackwell.

Faludi, Andreas, ed. 1973. *A Reader in Planning Theory*. Oxford: Pergamon.

Faludi, Andreas, and Arnold van der Valk. 1994. *Rule and Order: Dutch Planning Doctrine in the Twentieth Century*. Dordrecht: Kluwer.

Fincher, Ruth, and Kurt Iveson. 2008. *Planning and Diversity in the City*. Houndmills, Basingstoke, Hampshire, U.K.: Palgrave Macmillan.

Fischer, Frank. 1980. *Politics, Values, and Public Policy: The Problem of Methodology*. Boulder, Colo.: Westview Press.

———. 2000. *Citizens, Experts, and the Environment*. Durham, NC: Duke University Press.

———. 2003. *Reframing Public Policy*. Oxford: Oxford University Press.

———. 2009. "Discursive Planning: Social Justice as Discourse." In *Searching for the Just City*, edited by Peter Marcuse, James Connolly, Johannes Novy, Ingrid Olivo, Cuz Potter, and Justin Steil, 52–71. London: Routledge.

Fischer, Frank, and John Forester, eds. 1993. *The Argumentative Turn in Policy Analysis and Planning*. Durham, NC: Duke University Press.

Fischer, Manfred M., and Claudia Stirböck. 2004. "Regional Income Convergence in the Enlarged Europe, 1995–2000: A Spatial Econometric Perspective." ZEW—Centre for European Economic Research Discussion Paper No. 04–042. http://ssrn.com/abstract=560882.

Fisher, Peter S., and Alan H. Peters. 1998. *Industrial Incentives: Competition among American States and Cities*. Kalamazoo, Mich.: Upjohn Institute.

Flora, Peter, and Arnold J. Heidenheimer, eds. 1981. *The Development of Welfare States in Europe and America*. New Brunswick, N.J.: Transaction Books.

Florida, Richard L. 2002. *The Rise of the Creative Class*. New York: Basic Books.

Flyvbjerg, Bent. 1998. *Rationality and Power*. Translated by Steven Sampson. Chicago: University of Chicago Press.

———. 2003. "Rationality and Power." In *Readings in Planning Theory*, edited by Susan S. Fainstein and Scott Campbell, 318–29. Oxford: Blackwell.

Flyvbjerg, B., N. Bruzelius, and W. Rothengatter. 2003. *Megaprojects and Risk*. New York: Cambridge University Press.

Foglesong, Richard E. 1986. *Planning the Capitalist City*. Princeton: Princeton University Press.

Forester, John. 1993. *Critical Theory, Public Policy, and Planning Practice: Toward a Critical Pragmatism*. Albany: State University of New York Press.

——. 1999. *The Deliberative Practitioner.* Cambridge: MIT Press.

——. 2001. "An Instructive Case-Study Hampered by Theoretical Puzzles: Critical Comments on Flyvbjerg's Rationality and Power." *International Planning Studies* 6, no. 3: 263–70.

Forst, Rainer. 2000. *Contexts of Justice.* Berkeley: University of California Press.

Foster, Janet. 1999. *Docklands: Cultures in Conflict, Worlds in Collision.* London: UCL Press.

Fraser, Nancy. 1997. *Justice Interruptus.* New York: Routledge.

——. 2003. "Social Justice in the Age of Identity Politics." In *Redistribution or Recognition? A Political-Philosophical Exchange,* by Nancy Fraser and Axel Honneth. Translated by Joel Golb, James Ingram, and Christiane Wilke, 7–109. New York: Verso.

Freeman, Lance. 2006. *There Goes the Hood.* Philadelphia: Temple University Press.

Freeman, Samuel. 2000. "Deliberative Democracy: A Sympathetic Comment." *Philosophy and Public Affairs* 29, no. 4: 371–418.

Frieden, Bernard J., and Marshall Kaplan. 1975. *The Politics of Neglect.* Cambridge: MIT Press.

Frieden, Bernard J., and Lynne B. Sagalyn. 1989. *Downtown, Inc.: How America Rebuilds Cities.* Cambridge: MIT Press.

Friedland, Roger. 1983. *Power and Crisis in the City.* New York: Schocken.

Friedmann, John. 2002. *The Prospect of Cities.* Minneapolis: University of Minnesota Press.

Frug, Gerald. 1999. *City Making.* Princeton: Princeton University Press.

Fullilove, Mindy Thompson. 2004. *Root Shock.* New York: Ballantine.

Fung, Archon. 2005. "Deliberation before the Revolution: Toward an Ethics of Deliberative Democracy in an Unjust World." *Political Theory* 33, no. 2: 397–419.

GamesBid.com. 2008. "London 2016's Olympic Village Has Financial Shortfall." http://www.gamesbids.com/eng/other_news/1216133699.html.

Gans, Herbert. 1968. *People and Plans.* New York: Basic Books.

——. 1973. *More Equality.* New York: Pantheon.

Garreau, Joel. 1992. *Edge City.* New York: Anchor.

Gawande, Atul. 2008. "Annals of Public Policy: Getting There From Here; How Health Care Reform Really Happens." *New Yorker,* January 26, 26–33.

Gellner, Ernest. 1992. *Postmodernism, Reason, and Religion.* New Brunswick, N.J.: Rutgers University Press.

Geras, Norman. 1985. "The Controversy about Marx and Justice." *New Left Review* no. 150 (March–April): 47–85.

——. 1992. "Bringing Marx to Justice: An Addendum and Rejoinder." *New Left Review* no. 195 (September–October): 37–69.

Gibson, Owen. 2009. "Government Forced to Bail Out Major Olympic Projects." *Guardian.* January 21.

Giddens, Anthony. 1990. *The Consequences of Modernity.* Stanford: Stanford University Press.

Gilderbloom, John. 2009. "Amsterdam: Planning and Policy for the Ideal City?" *Local Environment: International Journal of Justice and Sustainability* 14, no. 6 (July): 473–93.

Gill, Brendan. 1990. "The Sky Line: Battery Park City." *New Yorker,* August 20, 99–106.

Gilligan, Andrew. 2008. "Credit Crunch Threatens the Olympic Plans." *Evening Standard* (London), September 30. http://www.thisislondon.co.uk/standard/article-23561567-details/Credit+crunch+threatens+the+Olympic+plans/article.do.

Gladstone, David L., and Susan S. Fainstein. 2003. "Regulating Hospitality: Tourism Workers in New York and Los Angeles." In *Cities and Visitors,* edited by Lily M. Hoffman, Susan S. Fainstein, and Dennis R. Judd, 145–66. Oxford: Blackwell.

Glickman, Norman, and Douglas P. Woodward. 1989. *The New Competitors.* New York: Basic Books.

Goetz, Edward G. 2003. *Clearing the Way.* Washington, D.C.: Urban Institute Press.

———. 2005. "Comment: Public Housing Demolition and the Benefits to Low-Income Families." *Journal of the American Planning Association* 71, no. 4: 407–10.

Goetz, Edward G., and Mara Sidney. 1994. "Revenge of the Property Owners: Community Development and the Politics of Property." *Journal of Urban Affairs* 16, no. 4: 319–34.

Gold, John R., and Margaret M. Gold. 2007. Introduction to *Olympic Cities,* edited by John R. Gold and Margaret M. Gold, 1–11. London: Routledge.

Goldberger, Paul. 2004. *Up from Zero.* New York: Random House.

Gordon, David L. A. 1997. *Battery Park City: Politics and Planning on the New York Waterfront.* Amsterdam: Gordon and Breach.

Gorz, André. 1967. *Strategy for Labor.* Boston: Beacon Press.

Gutmann, Amy, and Dennis Thompson. 1996. *Democracy and Disagreement.* Cambridge: Harvard University Press.

Habermas, Jürgen. 1986–89. *Theory of Communicative Action.* Translated by Thomas McCarthy. Cambridge: Polity Press.

Haffner, Marietta E. A. 2002. "Dutch Personal Income Tax Reform 2001: An Exceptional Position for Owner-Occupied Housing." *Housing Studies* no. 3: 521–534.

Hajer, Maarten. 1995. *The Politics of Environmental Discourse.* Oxford: Oxford University Press.

Hajer, Maarten, and Arnold Reijndorp. 2001. *In Search of New Public Domain.* Rotterdam: NAI.

Hall, Peter. 2002. *Cities of Tomorrow.* 3rd ed. Oxford: Blackwell.

Hamnett, Chris. 2003. *Unequal City: London in the Global Arena.* London: Routledge.

Hannigan, John. 1998. *Fantasy City.* New York: Routledge.

Harloe, Michael. 1977. *Captive Cities.* New York: Wiley.

———. 1995. *The People's Home.* Oxford: Blackwell.

Hartman, Chester. 2002. *Between Eminence and Notoriety: Four Decades of Radical Planning.* New Brunswick, N.J.: Center for Urban Policy Research, Rutgers University.

Hartz, Louis. 1990. *The Necessity of Choice: Nineteenth-Century Political Thought.* Edited, compiled, and prepared by Paul Roazen. New Brunswick, N.J.: Transaction.

Harvey, David. 1978. "On Planning the Ideology of Planning." In *Planning Theory in the 1980s,* edited by Robert Burchell and George Sternlieb,

213–34. New Brunswick, N.J.: Center for Urban Policy Research, Rutgers University.

——. 1988. *Social Justice and the City.* 2nd ed. Oxford: Basil Blackwell.

——. 1989. "From Managerialism to Entrepreneurialism: The Transformation in Urban Governance in Late Capitalism." *Geografiska Annaler: Series B, Human Geography* 71, no. 1: 3–17.

——. 1992. "Social Justice, Postmodernism, and the City." *International Journal of Urban and Regional Research* 16, no. 4: 588–601.

——. 1996. *Justice, Nature and the Geography of Difference.* Oxford: Blackwell.

——. 1997. "The New Urbanism and the Communitarian Trap: On Social Problems and the False Hope of Design." *Harvard Design Magazine,* no. 1 (Winter/Spring): 1–3.

——. 2002 [1993]. "Social Justice, Postmodernism, and the City." In *Readings in Urban Theory,* edited by S. S. Fainstein and S. Campbell, 2nd ed., 386–402. London: Wiley-Blackwell.

——. 2005. *A Brief History of Neoliberalism.* New York: Oxford University Press.

——. 2006. *Spaces of Global Capitalism.* London: Verso.

Harvey, David, with Cuz Potter. 2009. "The Right to the Just City." In *Searching for the Just City,* edited by Peter Marcuse, James Connolly, Johannes Novy, Ingrid Olivo, Cuz Potter, and Justin Steil, 40–51. London: Routledge.

Hays, Samuel P. 1995. *The Response to Industrialism, 1885–1914.* 2nd ed. Chicago: University of Chicago Press.

Healey, Patsy. 1996. "Planning through Debate: The Communicative Turn in Planning Theory." In *Readings in Planning Theory,* edited by Scott Campbell and Susan S. Fainstein, 234–57. Oxford: Blackwell.

——. 2003. "Collaborative Planning in Perspective." *Planning Theory* 2, no. 2: 101–24.

——. 2006. *Collaborative Planning: Shaping Places in Fragmented Societies.* 2nd ed. New York: Palgrave Macmillan.

——. 2007. *Urban Complexity and Spatial Strategies.* London: Routledge.

Held, Virginia. 1990. "Mothering versus Contract." In *Beyond Self-Interest,* edited by Jane J. Mansbridge, 287–304. Chicago: University of Chicago Press.

Hipwell, Deirdre. 2008. "Lend Lease's Nigel Hugill Resigns." *PropertyWeek.com,* September 3. http://www.propertyweek.com/story.asp?sectioncode=297&storycode=3121636&c=3.

Hirschmann, Nancy J. 1992. *Rethinking Obligation: A Feminist Method for Political Theory.* Ithaca: Cornell University Press.

Hoch, Charles. 1996. "A Pragmatic Inquiry about Planning and Power." In *Explorations in Planning Theory,* edited by Seymour J. Mandelbaum, Luigi Mazza, and Robert W. Burchell, 30–44. New Brunswick, N.J.: Center for Urban Policy Research, Rutgers University.

Hoffman, Lily M. 1989. *The Politics of Knowledge.* Albany: State University of New York Press.

Hoffman, Lily M., Susan S. Fainstein, and Dennis R. Judd, eds. 2003. *Cities and Visitors.* Oxford: Blackwell.

Honneth, Axel. 2003. "Redistribution as Recognition: A Response to Nancy Fraser." In *Redistribution or Recognition?,* by Nancy Fraser and Axel

Honneth. Translated by Joel Golb, James Ingram, and Christiane Wilke, 110–97. London: Verso.

Hu, Sinnie. 2006. "Yankees Win as Council Approves Stadium." *New York Times,* April 6.

Huxley, Margo, and Oren Yiftachel. 2000. "New Paradigm or Old Myopia? Unsettling the Communicative Turn in Planning Theory." *Journal of Planning Education and Research* 19, no. 4: 333–42.

Innes, Judith E. 1995. "Planning Theory's Emerging Paradigm: Communicative Action and Interactive Practice." *Journal of Planning Education and Research* 14, no. 3: 183–89.

——. 1996. "Group Processes and the Social Construction of Growth Management: Florida, Vermont, and New Jersey." In *Explorations in Planning Theory,* edited by Seymour J. Mandelbaum, Luigi Mazza, and Robert W. Burchell, 164–87. New Brunswick, N.J.: Center for Urban Policy, Research Rutgers University.

——. 1998. "Information in Communicative Planning." *Journal of the American Planning Association* 64, no. 1: 52–63.

Jackson, Anthony. 1976. *A Place Called Home: A History of Low-Cost Housing in Manhattan.* Cambridge: MIT Press.

Jacobs, Jane. 1961. *The Death and Life of Great American Cities.* New York: Modern Library.

Judd, Dennis R. 1999. "Constructing the Tourist Bubble." In *The Tourist City,* edited by S. S. Fainstein and D. R. Judd, 35–53. New Haven: Yale University Press.

Judd, Dennis R., and Michael Parkinson, eds. 1990. *Leadership and Urban Regeneration: Cities in North America and Europe.* Newbury Park, Calif.: Sage.

Kanter, Rosabeth Moss. 2000. "Business Coalitions as a Force for Regionalism." In *Reflections on Regionalism,* edited by Bruce Katz, 154–84. Washington: Brookings Institution.

Kayden, Jerold. 2000. *Privately Owned Public Space.* New York: John Wiley.

Keating, W. Dennis. 1994. *The Suburban Racial Dilemma.* Philadelphia: Temple University Press.

Kelso, Paul. 2008. "Parliament and Public Misled over Olympics Budget, Say MPs." *Guardian,* April 22.

Kirby, Andrew. 2004. "Metropolitics or Retropolitics? Review of Myron Orfield, *American Metropolitics: The New Suburban Reality.*" *Antipode* 36, no. 4: 753–59.

Koch, Edward. 1984. *Mayor.* New York: Simon and Schuster.

Kohn, Margaret. 2004. *Brave New Neighborhoods: The Privatization of Public Space.* New Brunswick, N.J.: Rutgers University Press.

Kramer, Jane. 2006. "The Dutch Model: Multiculturalism and Muslim Immigrants." *New Yorker,* April 3, 60–67.

Krieger, Alex. 2005. "The Costs and Benefits of Sprawl." In *Sprawl and Suburbia,* edited by William S. Saunders, 45–56. Minneapolis: University of Minnesota Press.

Kristof, Frank. 1976. "Housing and People in New York City." *City Almanac* no. 10 (February).

Krueckeberg, Donald A. 1999. "The Grapes of Rent: A History of Renting in a Country of Owners." *Housing Policy Debate* 10, no. 1: 9–30.

Krumholz, Norman, and John Forester. 1990. *Making Equity Planning Work.* Philadelphia: Temple University Press.

Kwekkeboom, Willem. 2002. "Rebuilding the Bijlmermeer, 1992–2002." In *Rebuilding the Bijlmermeer, 1992–2002: Amsterdam Southeast: Centre Area Southeast and Urban Renewal in the Bijlmermeer, 1992–2012,* edited by Dick Bruijne, Dorine van Hoogstraten, Willem Kwekkeboom, and Anne Luijten, 73–113. Bussum, Netherlands: Thoth.

Lake, Robert W. 1993. "Rethinking NIMBY." *Journal of the American Planning Association* 59, no. 1: 87–93.

Lasch-Quinn, Elizabeth. 1996. "Review: *The Suburban Racial Dilemma* by W. Dennis Keating." *Annals of the American Academy of Political and Social Science,* no. 544: 228–29.

Lawless, Paul. 1989. *Britain's Inner Cities.* 2nd ed. London: Paul Chapman.

Lawless, Paul, and Frank Brown. 1986. *Urban Growth and Change in Britain.* London: Harper and Row.

Lee, Trymaine. 2007. "Pre–Opening Day Jitters for Establishments That Live in Yankee Stadium's Shadow." *New York Times,* April 2.

Lefebvre, Henri. 1991. *The Production of Space.* Translated by Donald Nicholson-Smith. Oxford: Cambridge: Blackwell.

Lindblom, Charles E. 1959. "The Science of 'Muddling Through.'" *Public Administration Review* 19, no. 2: 79–88.

———. 1959. *Inquiry and Change.* New Haven: Yale University Press.

Lipsky, Michael. 1980. *Street-Level Bureaucracy.* New York: Russell Sage Foundation.

Locum Consulting. 2006. "Review of the Impacts of the London 2012 Olympic and Paralympic Games on the South East Region." *Report to South East of England Development Agency.* April. http://www.seeda.co.uk/publications/Strategy/docs/OlympicImpact.pdf.

Logan, John R., and Harvey L. Molotch. 1987. *Urban Fortunes: The Political Economy of Place.* Berkeley: University of California Press.

Logan, John R., and Todd Swanstrom, eds. 1990. *Beyond the City Limits.* Philadelphia: Temple University Press.

London Assembly. 2008. *Proposal for a Preliminary Investigation into the Sporting Legacy of the 2012 Olympic and Paralympic Games.* Report #5. September 3.

London Docklands Development Corporation (LDDC). 1992. *LDDC Key Facts and Figures to the 31st March 1991.* London: LDDC.

Long, Judith Grant. 2005. "Full Count: The Real Cost of Public Funding for Major League Sports Facilities." *Journal of Sports Economics* 6: 119–43.

Low, Nicholas, and Brendan Gleeson. 1998. *Justice, Society and Nature.* London: Routledge.

Luijten, Anne. 2002. "A Modern Fairy Tale." In *Amsterdam Southeast: Centre Area Southeast and Urban Renewal in the Bijlmermeer, 1992–2012,* edited by Dick Bruijne, Dorine van Hoogstraten, Willem Kwekkeboom, and Anne Luijten, 7–25. Bussum, Netherlands: Thoth.

Lukács, György. 1971. *History and Class Consciousness.* Translated by Rodney Livingstone. Cambridge: MIT Press.

Lukas, J. Anthony. 1985. *Common Ground*. New York: Knopf.

Lynch, Kevin. 1981. *Good City Form*. Cambridge: MIT Press.

Majoor, Stan. 2007. "Amsterdam Zuidas: The Dream of 'New Urbanity.'" In *Framing Strategic Urban Projects*, edited by Willem Salet and Enrico Gualini, 53–83. London: Routledge.

——. 2008. *Disconnected Innovations*. Delft: Uitgeverij Eburon.

Mak, G. 1999. *Amsterdam*. Translated by Philipp Blom. London: Harvill Press.

Mannheim, Karl. 1936. "The Sociology of Knowledge." In *Ideology and Utopia*, 264–311. New York: Harcourt, Brace, and World.

Mansbridge, Jane, ed. 1990a. *Beyond Self-Interest*. Chicago: University of Chicago Press.

——. 1990b. "The Rise and Fall of Self-Interest in the Explanation of Political Life." In *Beyond Self-Interest*, edited by Jane J. Mansbridge, 3–11. Chicago: University of Chicago Press.

——. 2009. "A 'Selection Model' of Political Representation." *Journal of Political Philosophy* 17, no. 4: 369–99.

Marcuse, Peter. 1981. "The Targeted Crisis: On the Ideology of the Urban Fiscal Crisis and Its Uses." *International Journal of Urban and Regional Research* 5, no. 2: 330–55.

——. 1987. "Neighborhood Policy and the Distribution of Power: New York City's Community Boards." *Policy Studies Journal* 16: 277–89.

——. 2002. "The Shifting Meaning of the Black Ghetto in the United States." In *Of States and Cities*, edited by Peter Marcuse and Ronald van Kempen, 109–42. New York: Oxford University Press.

——. 2009. "From Justice Planning to Commons Planning." In *Searching for the Just City*, edited by Peter Marcuse, James Connolly, Johannes Novy, Ingrid Olivo, Cuz Potter, and Justin Steil, 91–102. London: Routledge.

Marcuse, Peter, James Connolly, Johannes Novy, Ingrid Olivo, Cuz Potter, and Justin Steil, eds. 2009. *Searching for the Just City*. London: Routledge.

Marcuse, Peter, and Ronald van Kempen, eds. 2002. *Of States and Cities*. New York: Oxford University Press.

Markusen, Ann. 2006. "The Artistic Dividend: Urban Artistic Specialization and Economic Development Implications." *Urban Studies* 43, no. 1: 1661–86.

Markusen, Ann, and Susan S. Fainstein. 1993. "Urban Policy: Bridging the Social and Economic Development Gap." *University of North Carolina Law Review* 71: 1463–86.

Marris, Peter. 1987. *Meaning and Action*. 2nd ed. London: Routledge and Kegan Paul.

Marshall, T. H. 1964. *Class, Citizenship, and Social Development*. Garden City, N.Y.: Doubleday.

Martinotti, Guido. 1999. "A City for Whom? Transients and Public Life in the Second-Generation Metropolis." In *The Urban Moment*, edited by Robert A. Beauregard and Sophie Body-Gendrot, 155–84. Thousand Oaks, Calif.: Sage.

Marx, Karl, and Friedrich Engels. 1947. *The German Ideology*. New York: International Publishers.

Massey, Doreen. 2007. "The World We're In: An Interview with Ken Livingstone." *Soundings* 36 (July): 11–25.

Mayer, Margit. 2003. "The Onward Sweep of Social Capital: Causes and Conse-quences for Understanding Cities, Communities and Urban Movements." *International Journal of Urban and Regional Research* 27, no. 1: 110–32.

McClelland, Peter, and Alan Magdowitz. 1981. *Crisis in the Making: The Po-litical Economy of New York State since 1945.* New York: Cambridge University Press.

McGeehan, Patrick. 2009. "In the Shadow of Yankee Stadium, an Off Year." *New York Times,* November 4.

Meagher, Sharon M. 2008. *Philosophy and the City: Classic to Contemporary Writ-ings.* Albany: State University of New York Press.

Mencher, Samuel. 1967. *Poor Law to Poverty Program.* Pittsburgh: University of Pittsburgh Press.

Merrick, Jane. 2009. "London 2012: Stuck on the Blocks?" *Independent,* July 19.

Mier, Robert, and Laurie Alpern. 1993. *Social Justice and Local Development Policy.* Newbury Park, Calif.: Sage Publications.

Mill, John Stuart. 1951. *Utilitarianism, Liberty, and Representative Government.* New York: Dutton.

Mitchell, Don. 2003. *The Right to the City.* New York: Guilford.

Moi, Toril. 1985. *Sexual/Textual Politics.* London: Routledge.

Mollenkopf, John Hull. 1983. *The Contested City.* Princeton: Princeton University Press.

———. 1985. "The 42nd Street Development Project and the Public Interest." *City Almanac* 18, no. 4 (Summer): 12–13.

———. 1988. "The Postindustrial Transformation of the Political Order in New York City." In *Power, Culture, and Place,* edited by John Hull Mollenkopf, 223–58. New York: Russell Sage Foundation.

Mouffe, Chantal. 1999. "Deliberative Democracy or Agonistic Pluralism?" *Social Research* 66, no. 3: 745–58.

———. 2000. *The Democratic Paradox.* New York: Verso.

———. 2005. *On the Political.* London: Routledge.

Moulaert, Frank, and Katy Cabaret. 2006. "Planning, Networks and Power Relations: Is Democratic Planning under Capitalism Possible?" *Planning Theory* 5, no. 1: 51–70.

Musterd, Sako, and Wim Ostendorf. 2008. "Integrated Urban Renewal in the Nether-lands: A Critical Appraisal." *Urban Research & Practice* 1, no. 1: 78–92.

Musterd, Sako, and Sjoerd de Vos. 2007. "Residential Dynamics in Ethnic Concen-trations." *Housing Studies* 22, no. 3 (May): 333–53.

National Audit Office. 1988. *Department of the Environment: Urban Devel-opment Corporations; Report by the Comptroller and Auditor General.* London: HMSO.

Needleman, Martin L., and Carolyn E. Needleman. 1974. *Guerrillas in the Bureau-cracy.* New York: Wiley.

Neumann, Michael. 2000. "Communicate This: Does Consensus Lead to Advocacy and Pluralism in Planning?" *Journal of Planning Education and Research* 19, no. 4: 343–50.

Newman, Peter. 2007. "Back the Bid: The 2012 Summer Olympics and the Gover-nance of London." *Journal of Urban Affairs* 29, no. 3: 255–67.

Newton, Kenneth, and Terrence J. Karran. 1985. *The Politics of Local Expenditure.* Houndmills, Basingstoke, Hampshire: Macmillan.

New York City (NYC) Department of City Planning. N.d. *NYC2000.* New York: Population Division, Department of City Planning.

New York City (NYC), Independent Budget Office. 2006. "Testimony of Ronnie Lowenstein before the City Council Finance Committee on Financing Plans for the New Yankee Stadium." http://www.ibo.nyc.ny.us/iboreports/yanksta diumtestimony.pdf.

Nussbaum, Martha C. 1993. "Non-Relative Virtues: An Aristotelian Approach." In *The Quality of Life,* edited by Martha C. Nussbaum and Amartya Sen, 242–69. Oxford: Oxford University Press.

———. 2000. *Women and Human Development.* Cambridge: Cambridge University Press.

———. 2005. "Women and Human Development: In Defense of Universal Values." In *Gender and Planning: A Reader,* edited by S. S. Fainstein and L. J. Servon, 104–19. New Brunswick, N.J.: Rutgers University Press.

———. 2006. *Frontiers of Justice.* Cambridge: Harvard University Press.

O'Connor, James. 1973. *The Fiscal Crisis of the State.* New York: St. Martin's.

Orfield, Myron. 2002. *American Metropolitics.* Washington, D.C.: Brookings Institution.

Organization for Economic Cooperation and Development (OECD). 2008. *Growing Unequal: Income Distribution and Poverty in OECD Countries.* Paris: OECD.

Ortega y Gasset, José. 1932. *The Revolt of the Masses.* New York: Norton.

Peters, Alan H., and Peter S. Fisher. 2003. "Enterprise Zone Incentives: How Effective Are They?" In *Financing Economic Development,* edited by Sammis B. White, Richard D. Bingham, and Ned W. Hill, 113–30. Armonk, N.Y.: M. E. Sharpe.

Peterson, Paul E. 1981. *City Limits.* Chicago: University of Chicago Press.

Pickvance, Chris, and Edmond Preteceille, eds. 1990. *State Restructuring and Local Power.* London: Francis Pinter.

Pitkin, Hanna F. 1972. *The Concept of Representation.* Berkeley: University of California Press.

Piven, Frances Fox, and Richard A. Cloward. 1971. *Regulating the Poor.* New York: Pantheon.

Polanyi, Karl. 1944. *The Great Transformation.* New York: Rinehart.

Ponte, Robert. 1982. "Building Battery Park City." *Urban Design Interntional* 3 (March–April): 10–15.

Porter, Michael E. 1998. "Clusters and the New Economics of Competition." *Harvard Business Review* 76: 77–90.

Priemus, Hugo. 1995. "How to Abolish Social Housing? The Dutch Case." *International Journal of Urban and Regional Research* 19: 145–55.

———. 2006. "Regeneration of Dutch Post-War Urban Districts: The Role of Housing Associations." *Journal of Housing and the Built Environment* 21: 365–75.

Property Wire. 2008. *London Olympic Village Project Hit by Global Credit Crunch.* September 23. http://www.propertywire.com/news/europe/london-olympic-village-credit-crunch-200809231693.html.

Pruijt, Hans. 2003. "Is the Institutionalization of Urban Movements Inevitable? A Comparison of the Opportunities for Sustained Squatting in New York City and Amsterdam." *International Journal of Urban and Regional Research* 27, no. 1: 133–57.

Purcell, Mark. 2008. *Recapturing Democracy*. New York: Routledge.

———. 2009. "Resisting Neoliberalization: Communicative Planning or Counter-Hegemonic Movements." *Planning Theory* 8, no. 2: 140–65.

Putnam, Hilary. 2002. *The Collapse of the Fact/Value Dichotomy*. Cambridge: Harvard University Press.

Putnam, Robert D. 1993. *Making Democracy Work*. Princeton: Princeton University Press.

———. 2007. "E pluribus Unum: Diversity and Community in the Twenty-First Century." *Scandinavian Political Studies* 30, no. 2: 137–74.

Rawls, John. 1971. A Theory of Justice. 1st ed. Cambridge: Harvard University Press.

———. 1999. *A Theory of Justice*. 2nd ed. Cambridge: Harvard University Press.

———. 2001. *Justice as Fairness: A Restatement*. Edited by Erin Kelly. Cambridge: Harvard University Press.

Reichl, Alexander J. 1999. *Reconstructing Times Square*. Lawrence: University Press of Kansas.

———. 2007. "Rethinking the Dual City." *Urban Affairs Review* 42, no. 5: 659–87.

Rhodes, John, and Peter Tyler. 1998. "Evaluating the LDDC: Regenerating London's Docklands." *Rising East (Journal of East London Studies)* 2, no. 2: 32–41.

Robertson, Roland. 1992. *Globalization*. Thousand Oaks, Calif.: Sage.

Robinson, Jennifer. 2006. *Ordinary Cities*. London: Routledge.

Roche, Maurice. 2000. *Mega-Events and Modernity*. London: Routledge.

Rosentraub, Mark S. 1997. *Major League Losers: The Real Cost of Sports and Who's Paying for It*. New York: Basic Books.

Rousseau, Jean-Jacques. 1987. "On the Social Contract." In *The Basic Political Writings*. Translated by Donald A. Cress. Indianapolis: Hackett.

Runciman, Walter G. 1966. *Relative Deprivation and Social Justice*. Berkeley: University of California Press.

Rusk, David. 2003. *Cities without Suburbs*. 3rd ed. Washington, D.C.: Woodrow Wilson Center Press.

Sagalyn, Lynne B. 2001. *Times Square Roulette*. Cambridge: MIT Press.

Sandel, Michael J. 1996. *Democracy's Discontent: America in Search of a Public Philosophy*. Cambridge: Harvard University Press.

Sandercock, Leonie. 1998. *Towards Cosmopolis: Planning for Multicultural Cities*. New York: John Wiley.

———. 2003. *Cosmopolis II: Mongrel Cities in the 21st Century*. London: Continuum.

Sandomir, Richard. 2008. "New Stadiums: Prices, and Outrage, Escalate." *New York Times,* April 26.

Sarbib, Jean Louis. 1983. "The University of Chicago Program in Planning." *Journal of Planning Education and Research* 2, no. 2: 77–81.

Sassen, Saskia. 2001. *The Global City*. 2nd ed. Princeton: Princeton University Press.

Sassen, Saskia, and Frank Roost. 1999. "The City: Strategic Site for the Global Entertainment Industry." In *The Tourist City*, edited by Dennis R. Judd and Susan S. Fainstein, 143–54. Oxford: Blackwell.

Saunders, Peter. 1984. "Beyond Housing Classes: The Sociological Significance of Private Property Rights in Means of Consumption." *International Journal of Urban and Regional Research* 8, no. 2: 202–27.

Sayer, Andrew, and Michael Storper. 1997. "Ethics Unbound: For a Normative Turn in Social Theory." *Environment and Planning D: Society and Space* 15, no. 1: 1–18.

Sayer, Andrew, and Richard Walker. 1992. *The New Social Economy.* Oxford: Blackwell.

Schattschneider, E. E. 1975. *The Semisovereign People.* Fort Worth, Texas: Harcourt Brace Jovanovich College.

Schill, Michael H., Ingrid Gould Ellen, Amy Ellen Schwartz, and Ioan Voicu. 2002. "Revitalizing Inner-City Neighborhoods: New York City's Ten-Year Plan." *Housing Policy Debate* 13, no. 3: 529–66.

Scott, James C. 1998. *Seeing Like a State.* New Haven: Yale University Press.

Sen, Amartya. 1992. *Inequality Reexamined.* Cambridge: Harvard University Press.

———. 1993. "Capability and Well-Being." In *The Quality of Life*, edited by Martha C. Nussbaum and Amartya Sen, 30–53. New York: Oxford University Press.

Sennett, Richard. 1970. *The Uses of Disorder.* New York: Vintage.

———. 1990. *The Conscience of the Eye: The Design and Social Life of Cities.* New York: Knopf.

Shakur, Tasleem, and Jamie Halsall. 2007. "Global Cities, Regeneration, and the Translocal Communities of Europe." *Global Built Environment Review* 6, no. 1: 1–4.

Shapiro, Ian. 1999. *Democratic Justice.* New Haven: Yale University Press.

———. 2003. *The State of Democratic Theory.* Princeton: Princeton University Press.

Shefter, Martin. 1985. *Political Crisis, Fiscal Crisis.* New York: Basic Books.

Simmel, Georg. 1950. *The Sociology of Georg Simmel.* Translated and edited by Kurt H. Wolff. New York: Free Press.

Simon, Arthur. 1970. *Stuyvesant Town, U.S.A.* New York: New York University Press.

Sintomer, Yves, Carsten Herzberg, and Anja Röcke. 2008. "Participatory Budgeting in Europe: Potentials and Challenges." *International Journal of Urban and Regional Research* 32, no. 1: 164–78.

Skocpol, Theda. 2003. *Diminished Democracy.* Norman: University of Oklahoma Press.

Spragens, Tom. 2003. "Review: Justice, Consensus, and Boundaries: Assessing Political Liberalism." *Political Theory* 31, no. 4: 589–601.

Squires, Gregory D., ed. 1989. *Unequal Partnerships: The Political Economy of Urban Redevelopment in Postwar America.* New Brunswick, N.J.: Rutgers University Press.

Starr, Roger. 1975. "Effluents and Successes in Declining Metropolitan Areas." In *Post-Industrial America*, edited by George Sternlieb and James Hughes, 190–96. New Brunswick, N.J.: Center for Urban Policy Research, Rutgers University.

———. 1976. "Making New York Smaller." *New York Times Magazine,* November 14, 33–34, 99ff.

Stone, Clarence N. 1976. *Economic Growth and Neighborhood Discontent.* Chapel Hill: University of North Carolina Press.

———. 1989. *Regime Politics: Governing Atlanta, 1946–1988.* Lawrence: University Press of Kansas.

———. 2005. "Rethinking the Policy-Politics Connection." *Policy Studies* 26, nos. 3–4: 241–60.

Swanstrom, Todd. 1985. *The Crisis of Growth Politics.* Philadelphia: Temple University Press.

Taylor, Charles. 1991. *The Ethics of Authenticity.* Cambridge: Harvard University Press.

Terhorst, Pieter. 2004. "Amsterdam's Path Dependence: Still Tightly Interwoven with a National Accumulation Regime." Unpublished paper. Department of Geography, Planning and International Development Studies, University of Amsterdam.

Terhorst, P. J. F., and J. C. L. van de Ven. 1997. *Fragmented Brussels and Consolidated Amsterdam.* Amsterdam: Netherlands Geographical Society and Department of Human Geography, University of Amsterdam.

Terhorst, Pieter, Jacques van de Ven, and Léon Deben. 2003. "Amsterdam: It's All in the Mix." In *Cities and Visitors,* edited by Lily M. Hoffman, Susan S. Fainstein, and Dennis R. Judd, 75–90. Oxford: Blackwell.

Uitermark, Justus. 2004a. "The Co-optation of Squatters in Amsterdam and the Emergence of a Movement Meritocracy: A Critical Reply to Pruijt." *International Journal of Urban and Regional Research* 28, no. 3: 687–98.

———. 2004b. "Framing Urban Injustices: The Case of the Amsterdam Squatter Movement." *Space and Polity* 8, no. 2: 227–44.

Uitermark, Justus, and Jan Willem Duyvendak. 2008. "Citizen Participation in a Mediated Age: Neighborhood Governance in the Netherlands." *International Journal of Urban and Regional Research* 32, no. 1: 114–34.

UK, Department for Culture, Media and Sport (DCMS). 2007. *Our Promise for 2012—How the UK Will Benefit from the Olympic Games and Paralympic Games.* June. http://epress.lib.uts.edu.au/dspace/bitstream/2100/449/1/Ourpromise2012Forword.pdf.

———. 2008. *London 2012 Olympic and Paralympic Games Update Report.* July. London: DCMS.

UK, Department of the Environment (DOE). 1989. *Strategic Planning Guidance for London.* July. London: DOE.

UK, Prime Minister's Office. 2006. *Speech to Greater London Authority.* April 4. http://www.number10.gov.uk/Page9281.

Urry, John. 2002. *The Tourist Gaze.* 2nd ed. Thousand Oaks, Calif.: Sage.

Van der Veer, Peter. 2006. "Pim Fortuyn, Theo van Gogh, and the Politics of Tolerance in the Netherlands." *Public Culture* 18, no. 1: 111–124.

Van de Ven, Jacques. 2004. "It's All in the Mix." In *Cultural Heritage and the Future of the Historic Inner City of Amsterdam,* edited by Léon Deben, Willem Salet, and Marie-Thérèse van Thoor, 176–84. Amsterdam: Aksant.

Van Ham, Maarten, Ronald van Kempen, and Jan van Weesep. 2006. "The Chang-ing Role of the Dutch Social Rented Sector." *Journal of Housing and the Built Environment* 21, no. 3: 315–35.

Van Kempen, Ronald, Karien Dekker, Stephen Hall, and Iván Tosics, eds. 2005. *Re-structuring Large Housing Estates in Europe*. Bristol, U.K.: Policy Press.

Vlist, Arno van der, and Piet Rietveld. 2002. *The Amsterdam Metropolitan Housing Market: Research Memorandum 2002–36*. Amsterdam: Faculty of Economics and Business Administration, University of Amsterdam.

Wacquant, Loïc J. D. 2008. *Urban Outcasts*. Cambridge: Polity.

Walzer, Michael. 1984. *Spheres of Justice: A Defense of Pluralism and Equality*. New York: Basic Books.

Watson, Vanessa. 2006. "Deep Difference: Diversity, Planning and Ethics." *Planning Theory* 5, no. 1: 31–50.

Weber, Max. 1958. "Politics as a Vocation." In *From Max Weber*, edited by Hans Gerth and C. Wright Mills, 77–128. New York: Oxford University Press.

West, Cornel. 1991. *The Ethical Dimensions of Marxist Thought*. New York: Monthly Review Press.

William, Helen. 2008. "Credit Crunch 'Hitting Olympic Village Funding.'" *Independent* (London), September 25.

Wilson, William J. 1987. *The Truly Disadvantaged*. Chicago: University of Chicago Press.

———, ed. 1989. *The Ghetto Underclass*. Newbury Park, Calif.: Sage.

Wolff, Robert Paul, Barrington Moore Jr., and Herbert Marcuse. 1969. *A Critique of Pure Tolerance*. Boston: Beacon Press.

World Architecture News.com. 2008. Editorial. August 21. http://www.worldarchitecturenews.com/index.php?fuseaction=wanappln.projectview&upload_id=10227.

Wright, E. O. 2006. "Socialism as Social Empowerment." Paper presented at the symposium on "Power" organized by the *Berkeley Journal of Sociology*, March. Working draft. http://www.lse.ac.uk/collections/LSEPublicLecturesAndEvents/pdf/20060223-Wright.pdf.

Yates, Douglas. 1977. *The Ungovernable City*. Cambridge: MIT Press.

Yiftachel, Oren. 1999. "Planning Theory at the Crossroads." *Journal of Planning Education and Research* 18, no. 3: 67–69.

Young, Iris Marion. 1990. *Justice and the Politics of Difference*. Princeton: Princeton University Press.

———. 2000. *Inclusion and Democracy*. Oxford: Oxford University Press.

———. 2001. "Activist Challenges to Deliberative Democracy." *Political Theory* 29, no. 5: 670–90.

Zucker, Ross. 2001. *Democratic Distributive Justice*. Cambridge: Cambridge University Press.

索　引

（索引页码为原著页码，即本书边码）

图书在版编目（CIP）数据

正义城市／（美）苏珊·S.费恩斯坦
（Susan S. Fainstein）著；武烜译. -- 北京：社会科学
文献出版社，2016.10
（城市译丛）
书名原文：The Just City
ISBN 978 - 7 - 5097 - 9698 - 6

Ⅰ.①正…　Ⅱ.①苏…②武…　Ⅲ.①城市学 - 研究
Ⅳ.①C912.81

中国版本图书馆 CIP 数据核字（2016）第 215833 号

·城市译丛·
正义城市

著　　者／〔美〕苏珊·S.费恩斯坦（Susan S. Fainstein）
译　　者／武　烜

出 版 人／谢寿光
项目统筹／祝得彬
责任编辑／刘　娟　刘学谦

出　　版／社会科学文献出版社·当代世界出版分社（010）59367004
　　　　　　地址：北京市北三环中路甲 29 号院华龙大厦　邮编：100029
　　　　　　网址：www. ssap. com. cn
发　　行／市场营销中心（010）59367081　59367018
印　　装／三河市尚艺印装有限公司

规　　格／开本：787mm × 1092mm　1/16
　　　　　　印张：14　字数：185 千字
版　　次／2016 年 10 月第 1 版　2016 年 10 月第 1 次印刷
书　　号／ISBN 978 - 7 - 5097 - 9698 - 6
著作权合同
登 记 号／图字 01 - 2012 - 1106 号
定　　价／68.00 元

本书如有印装质量问题，请与读者服务中心（010 - 59367028）联系